A SOLACE
FOR
the young

不焦虑的青春

王千马/主编

许骥 黄慧敏 杨帆 黄诗薇 王晓鹏/著

中国友谊出版公司

图书在版编目(CIP)数据

不焦虑的青春 / 王千马主编. -- 北京：中国友谊出版公司，2014.3

ISBN 978-7-5057-3365-7

Ⅰ. ①不… Ⅱ. ①王… Ⅲ. ①青年－现状－研究－中国 Ⅳ. ①D432.7

中国版本图书馆 CIP 数据核字(2014)第 027478 号

书名	不焦虑的青春
作者	王千马
出版	中国友谊出版公司
发行	杭州飞阅图书有限公司
经销	新华书店
印刷	杭州钱江彩色印务有限公司
规格	710×1000 毫米　16 开
	17 印张　　　150 千字
版次	2014 年 4 月第 1 版
印次	2014 年 4 月第 1 次印刷
书号	ISBN 978-7-5057-3365-7
定价	38.00 元
地址	北京市朝阳区西坝河南里 17 号楼
邮编	100028
电话	(010)64668676

目录
Contents

序言　就是低到尘埃，也要活出花样来　　　　　　　1—8

第一部分　谁偷走了我们的安全感　　　　　　　1—62

　　第一章　穷孩子没有春天　　　　　　　　　　　5—12

　　第二章　从拼爹到拼干爹再拼祖宗　　　　　　　13—20

　　第三章　有房人终成眷属，有情人终成房奴　　　21—28

　　第四章　没有二百万，难做中国人　　　　　　　29—38

　　第五章　呐喊声虽大，却无人倾听　　　　　　　39—46

　　第六章　我们都是无头苍蝇　　　　　　　　　　47—54

　　第七章　80后够苦了，90后还更惨？　　　　　　55—62

第二部分　从安身立命到安心立命　　　　　　　63—112

　　第八章　用公共精神来为"8090"打一场翻身仗

　　　　　　　　　　　　　　　　　　　　　　　　67—76

第九章　再启蒙，做现代意义上的"国民"　　77—84

第十章　重拾信仰，年轻一代的"自我完善"　　85—92

第十一章　在橡皮中国，"8090"的"终极关怀"归哪里？

93—102

第十二章　浮躁时代的理性，不做"劣质愤青"　103—112

第三部分　草根的正能量：小人物行动派　　113—166

第十三章　反智时代，草根的春天　　119—126

第十四章　社交媒体兴起，草根争夺话语权　127—136

第十五章　在水泥地上种花，投身志愿服务和NGO事业

137—146

第十六章　加强"自我管理"，谁说草根不可逆袭

147—156

第十七章　做有常识的草根，谨防强势话语的蒙骗

157—166

第四部分　全球婴儿的公民诉求　　167—222

第十八章　香港能告诉你什么　　171—178

第十九章　后冷战时代青年：自由、人权、法治、民主、良知

179—188

第二十章　比比更健康，外国年轻人都在干什么

189—198

第二十一章　培养不卑不亢的精神　　　　　199—206

第二十二章　中国需要什么样的"现代化"　　207—214

第二十三章　青年中国说　　　　　　　　　215—222

附录　那些海外的中国"8090"　　　　　223—256

第二十四章　海外"8090"之现状：依旧"Made in China"

227—238

第二十五章　海外"8090"之尴尬：不想做"世界二等公民"

239—250

第二十六章　海外"8090"之企盼：公平公正的社会秩序

251—256

序　言
就是低到尘埃，也要活出花样来

王千马（内地）

最近比较烦/最近情绪很 down/每天看新闻都会很想大声尖叫/但脏话没用大家只会嫌凶/我改变自己发现大有不同

——吴莫愁演唱 《改变自己》

不要怕/不要怕/无论严寒或酷暑/不要怕/不要怕/无论伤痛或苦难/不要怕/不要怕

——吉克隽逸演唱 《不要怕》

这个时代给"8090"制造的落差显然有些大。在很多人眼里，我们这群独生子女，是幸福的小皇帝小公主，是被父母喂养大的一代。然而，当我们被抛进社会之后，社会却显现出另外一种面目，迥然于和风细雨，迥然于慈爱。我们期望着直挂云帆济沧海，到头来却发现现实是死水微澜。

我们不得不面对这样的现实：资源被垄断,贫富差距被急剧地拉大;阶层固化,上升通道被堵塞;个人再努力,有时也改变不了自己的命运;外面的花花世界,看上去选择很多,却让我们容易选择焦虑,甚至无从选择……我们不甘,我们不服,我们要呐喊。可是,我们呐喊声很微弱。表面上,我们有很多表达渠道,但我们的声音往往不是被无意淹没,就是被有意覆盖。

80后够苦了,90后更惨。

曾有人将英国年轻一代称为"iPod一代","iPod"不是苹果iPod播放器,而是insecure(不安全的)、pressured(压抑的)、over-taxed(税负过重的)、debt-ridden(债务缠身的)的缩写。这又何尝不是当今中国年轻一代正面临的严峻问题?

我们又何尝不是"iPod一代"?

"在梦境的边缘中挣扎,在沉默的空气当中蒸发,当梦想在现实中推挤……"

有人选择了坚强。有人选择了歌唱。

在2012年度第一届《中国好声音》的最终PK台上,是两张90后的面孔,一张是长得很妖孽也很有"破坏性"的吴莫愁,一张是不太帅气的梁博,他们凭着自己对梦想孜孜不倦的追求,一路过关斩将,攀上了梦想的第一个巅峰。次日,我在自己的微博上这样写:"这是90后的胜利。在70后眼里,80后乖张叛逆。在80后眼里,90后无可救药。不过,当90后的吴莫愁和梁博站在《中国好声音》的最终PK台上,他们谁胜谁负已经不重要了。他们用自己的努力和演唱,为90后赋予了更多的正能量:我们也是有梦想的一代。"

只是,这些还不够。我注意到,在此前"4进2"的比赛中,吴莫愁选择了一首《改变自己》。可以说,这是90后唱给90后的心语,也是整个"8090"面对当今时代快速变迁中的纷乱与不安时,主动所作的自我宣言。

的确,脏话没有用,以暴制暴只会让世界更糟糕,陷入恶性循环。

那么,不如改变自己吧,你会发现结果大有不同。

改变自己,并不容易。在我主编的《一个人奋斗·独活与无法独活》①一书中,几位70后站在过来人的角度上,给了"8090"几声棒喝。棒喝其实不是敲打,而是顿悟。他们认为,独立、秩序、常识、尊严、绽放是当下新青年的五大关键词。在其中,我们说道:

> 我们首先得找到自我,认清价值才能张扬个性、独立思考;其次,个体认识有差距,所以个体与个体之间、个体与社会甚至国家或民族之间不一定完全协调,所以必须具有法制意识并尊重秩序;再次,个性在秩序规范下,我们还需要思考历史、眼观世界,这就是所谓常识——事实上,尊严也是常识的核心价值……进而,懂得社会常识、尊严之后,便是追求自我实现——个人的幸福花朵经历自我完善的全过程之后终将绽放——此时,世界因你而不同。

可以说,这几大关键词在今天也不过时,如果我们对70后的棒喝抱以友善之心,不妨多听听。不过,随着越来越多的80后奔赴三十而立的阵营,年岁的增长,阅历的增加,我们对自身的生存处境,以及如何改变自己,也会有更加清晰的理性认知。我们需要指点,却已不需要别人对自己指指点点。

所以,我更想建议大家,不妨多听听80后对此又是如何发声的。

于是,便有了这本书。

这本书的作者无一例外都是80后。当然,你也可以将他们划分到1975—1985以及1985—1995这两个群体当中。事实上,不管如何划分,也改

---

① 本书为《无法独活·致喂大的年轻人》的修订版。

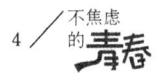

变不了他们共处同样的时代,面临着共同的遭遇以及有着共同的奋斗历程这一现实。和你我一样,这些作者也无一例外是草根出生。他们不是官二代也不是富二代,他们靠自己的双手奋斗,虽未必打拼出人生的新天地,但也多年未曾放弃。故此,他们幸福着你我的幸福,感受着你我的不安与焦虑。在这些作者看来,我们的确是失去安全感的一代人。

焦虑是我们在这个时代的宿命。

但是我们真的就"无法独活"了么?

没有独立的思想、独立的人格、独立的生活?

显然不是。

我们要变物质上的三十而立,为精神上的三十而立。

也就是说,即使我们三十还没权没房没法让自己喜欢的女人坐在宝马车里,我们也可以拥有自己的"精气神"。

我们需要:在这个浮躁时代里,不盲从,听从自己内心的声音。要有自己的价值观、人生观,适合别人的未必适合自己,别人的蜜糖有可能是自己的毒药。

做自己,别做别人眼里的自己。

在这个时代,我们需要再启蒙。启蒙并不是说把你认为自己掌握的真理——好像你觉得自己掌握的就是真理——灌输给别人。所谓的启蒙是一种出走,是一种引领人们看到别样生活的可能性,这个可能性也许是不对的,但至少让你知道生活中其实是有别的可能性的——我们要善于发现这种可能性。

我们应该像 NBA 的林书豪那样,像《中国好声音》里的吴莫愁、梁博、吉克隽逸、金志文那样,对梦想从来不失去信心。朋友说,《中国好声音》以及其姐妹栏目《中国梦想秀》的成功,就是因为切准了这个时代脉搏,卖梦想。

不得不说，这是一个缺少梦想的时代，但梦想从来就不曾过时。那么，在这样一个意志不坚定也容易让人意志不坚定的当下，我们应该正视人性中的柔软和懦弱，同时我们也应该淬炼它的坚韧度和硬度。有梦想就不要轻易放弃。

Just do it。

我们需要：有公共精神，不让自己彻底陷入自我的封闭空间。我们要积极地参与当下社会的公共事务，努力推动社会的发展以及民主建设。随着法治意识和公民意识的成长，个人对自我责任、对社会责任的认知也应得到完善。

我们还需要：在新时代，更讲传统的良心、耐心，以及责任心……

这些都是充实我们内心力量的营养，是我们立于时代狂澜中不倒的基石。有了它们，我们无论严寒或酷暑，无论伤痛或苦难，都不要怕，也不会怕。我们肉身再沉重，也能在独活的道路上走得很远。

如果说，以上的改变属于精神层面，那么，另一方面，也就是在现实层面，我们也需要开始进行些许的改变。

正如本书的作者们所说，如果我们无法撬动整个地球，那么，我们是不是可以撬起一块地方？撬一块是一块，聚沙成塔，集小流成大流！就像《改变自己》里所唱，"改变自己，改变隔膜，改变小气。要一直努力努力。永不放弃，才可以改变世界"。如此，我们是草根，但谁说我们就不可能华丽转身？

我们在现实层面上的改变，可以这样做：为这个社会分忧解难，和上层政府形成良性互动。想要实现健康的民主社会，一定要有我们这些民间的自发力量。上层的变动如果没有我们的支持、呼应，也形成不了流动的政治生命力。

还可以这样做：团结携手倒逼改革——事实证明，社会上某些改革的成功，大多是民间社会转型和个体精神复苏的结果。

当然，我们也可以没有这样宏大的目标和行为，那不妨老老实实做点小事——像广州的高中生陈逸华在地铁站举牌，收集市民签名，呼吁市民阻止地铁翻新计划。结果在媒体的关注下，地铁公司被迫回应公众质疑，并最终作出让步，表示会本着节约原则翻修，未开工的车站没有坏的地方不会改动。

或者像青岛27岁的娱乐记者潘琦，在看到因为当地政府启动耗资40亿元的"增绿计划"，导致青岛汇泉广场的大草坪被铲掉，成为"光溜溜的土地"，让自己的童年记忆彻底消逝时，决定站出来，与朋友们合作，向市政府、林业部门、城建部门表达自己的意见……

对这样的行为，《民主的细节》的作者刘瑜曾作此评论：这个社会上总有一批人愿意当"傻子"，愿意为公共利益服务，愿意为公共事务去奔走。说他们理想主义也好，冒傻气也好，他们就那样存在着。

故唱曰："你我的热情也能改变世界。"

感谢本书这些作者——80后的许骥、黄慧敏、杨帆、黄诗薇、王晓鹏，正是你们的主动"献声"，让"8090"的形象变得清晰明快，让我们对这个国家和时代的未来，心有期待。在进行这次写作的过程中，许骥生了场病，但他依旧及时完稿。黄慧敏不同，是喜，因为她生了个宝宝——这是个"大工程"，但这并不影响她的完美"献声"。而我高兴的是，在主编《无法独活》时也有宝宝随之降生。在此祝福这两个宝宝，日后人生路上都能独活。同时，我想说的是，正是有这样日渐靠谱的80后迈入父母的行列，相信他们不会放弃担当事业和家庭之"中流砥柱"的责任而自甘归入"下流社会"的行列。

另外，我还要感谢同为80后的郑渝川、谌毅兵、郑北周、李清找以及差不多90后的杨津涛、石兰、西木1984……尽管你们的"献声"因为各种原因未被收入此书,但你们却以实际行动支持这次"8090"集体发声的行为。

我愿意在此留存一些你们的"声音":

> 城市中独生子女政策的推行,一方面固然让孩子们缺少推己及人的意识,但另一方面却也让每一个孩子被迫成为独立的个体,从而有了相对自由的空间,发展出全然不同于上一代的性格。以前独生子女身上的问题被公众与媒体所夸大,诸如自理能力差、交际能力差等,而积极的效应却都被忽略了。(杨津涛)

> 现实社会纷扰、庞杂、多元、多变、浮躁、碎片化。人们追求成功、追求财富、追求地位,希望得到尊重,但更需追求安定。需要心的锤炼,用内心指挥选择,用选择决定行动,用行动决定结果。是否独活、能否独活、活得如何固然取决于现实条件,更取决于内心。(郑渝川,谌毅兵)

> 这个世界总充满着惰性,尤其是当阶层固化、利益固化,从上到下的改革,因为既得利益的阻拦,很难往前推进而进展缓慢的时候,我们往往能看到,草根自觉或者不自觉地充当了悲情的推手。(郑北周)

> ……

如果大家有心的话,我们还会发现,在本书的作者当中,尽管都是中国人(更准确地说是中国内地人),但是他们现在所居住的国度和地区并不相同,其中黄诗薇在美国,王晓鹏在南非,而许骥则在中国香港。从这里也可以得到这样一个结论,如今的"8090",确确实实是"全球婴儿"——他们生在地球村,长在全球化下。这就注定着今天的"8090",以及日后的"0809",必须要有全球意识。所以,"8090"不仅要学会站在中国的立场来读懂世界,还要站在世界的高度来审视中国。

同时，要以世界的高度来审视自身。

这也就意味着，当70后听从新中国的号召，努力让自己成为"有理想、有道德、有文化、有纪律"的"四有新人"，"8090"面临的则是整个世界对自身所提出的新要求。成为"四有新人"已不再是"8090"单薄的人生目标，公平、正义、民主、自由等普世价值，将为"8090"的成长注入新的内涵。如是，我们将不再限于利益，不再拿国籍、民族这样的概念来作门户之见，成为价值共同体。

在这里，我要为我们这些可爱而又势不可挡的"8090"预备掌声。现实就是让我们低到了尘埃，我们也会活出花样来。在《无法独活》第一辑的书封上，曾打出了这样的提问："80后别再沉默，你们该如何成为时代的骄傲？"

我相信，"8090"准会给出一个响亮的回答。

PART 1

第一部分
谁偷走了我们的安全感
黄慧敏(中国内地)

如今，我们信步北京、上海、广州、深圳这样的大城市，可以看到许多惊人一致的年轻面孔：他们脸上写满焦虑。而在2012年夏天，焦虑的表情又会在另一个群体里蔓延，他们生于1990年代。

他们也即将大学毕业，要打开天下了。

这意味着90后即将脱掉身上的一切庇护，正式与80后一起在丛林社会中拼杀，接受这个社会世俗的价值评判：能挣多少钱？住多大的房子？有多少名声？有多少特权？

而80后"蚁族"的帽子尚未摘去，"屌丝"的头衔已经降临，尽管后者多少有些自嘲的成分在里面，但是一个不争的事实摆在眼前：80后依然未摆脱底层的命运，90后必须从"屌丝"做起。

80后出生在社会转型期，彼时计划经济尚未退出历史舞台，仍然给人某种稳定和保障，同时，市场经济已经快步走向历史的前台。摆脱了物质匮乏的人们被各种思潮撞击着心灵，个人创造力及奋斗热情被极大地激发，所以80后在走出社会前受到的是各种理想主义的熏陶。而迈入社会后当今物质社会巨大的落差，往往让他们难以适应，无从选择。

相比而言，90后成长的时代，理想主义已经失去了市场，信念也早已被人们抛到了脑后，唯有物质是人们所追崇的，高度的商业主义和消费浪潮随之而来。90后对于如今的欲望、诱惑、压力早有心理准备，他们适应能力会相对较好。

但社会剧变带来的暴富机会他们已经错过，权力和财富的分肥到了他们这里走向封闭，不再有全民广泛参与瓜分的肥沃草场，留给他们的是难以生存的沙漠。他们呼吸着PM2.5超标的空气、喝着含有三聚氰胺的牛奶，吃着地沟油做出来的饭菜，穿着甲醛超标的衣服，却难以得到一个遮风避雨的屋子。最可悲的是他们还没有被长期生活的地方承认的身份，自己今天忍受的一切苦痛将可能被下一代继承。他们身体的每一个细胞都在诉说着一种情绪：缺乏安全感。

这也是为什么现在全国最火爆的节目是相亲的原因，而相亲节目中出现频率最高的词就是"安全感"，不但女人爱说，男人也爱说。大家仿佛找的不是对象，而是一种能带来"安全感"的生活保障。

按照美国心理学家马斯洛的说法,安全需求是人类的重要需求,仅次于生理需求。而"人对友情爱情以及性亲密的需求"则被马斯洛归结为情感和归属的需求,是第三层次的需求,是一种社交需求。而现在,年轻人在逼仄的社会环境中自身无法满足第二层次的需求时,甚至会通过牺牲第三层次来满足第二层次,哪怕是做小三、二奶、干女儿也在所不惜。

伦敦某咨询公司的一份研究报告把英国年轻一代称为"iPod一代",该报告作者之一尼克·博赞基特教授说:"我们总是习惯假设一代更比一代强。但是,如今的年轻人要承担更多的义务,他们增加收入和创造财富的难度也更大了。这的确是这个国家面临的严峻问题。"

中国的"8090"也未必不能称为"iPod一代"吧。

第一章 / 穷孩子没有春天

梦想总是遥不可及

是不是应该放弃

花开花落又是雨季

春天啊你在哪里

——筷子兄弟《老男孩》

本章主要观点导读

/很多情况下,大学教育并没有改变他们的竞争力,最终决定他们竞争力的还是他们的家庭背景。

/大学,至少是普通大学的这一上升通道功能有一部分已经失效。

/中国最顶尖的教育资源往往在不经意间将寒门学子排斥在外。

/优质教育资源主要集中于上层阶层家庭,这是典型的赢家通吃。

/过去的上升通道基本已经失效,而新的社会流动机制还未建立,于是阶层固化成为必然,底层个体命运的转型逐渐陷入停顿。

2012年初有一部非常火爆的电视剧《北京爱情故事》，讲述的是80后北漂一族的青春挣扎与奋斗。这部片子之所以火爆，我想最重要的原因是它接近现实，让很多在城市里奋斗的"8090"多少看到了自己的影子，引起了不少共鸣。

　　关于这部电视剧，有人梳理了一下情节，大致如下：剧中三个主要人物程锋、吴狄和石小猛是大学同学，也是情同手足的好朋友。不过三个人的家庭背景却有着很大的差别。程锋是富豪之家的公子哥，生下来就是富二代，长大后直接走上前台，依然位居社会的上层，可以花天酒地，可以阅女无数。吴狄出身平民家庭，但有一个很会赚钱的哥哥，读书时就能够不时救济一下朋友，进入社会后成为白领，衣食无忧，可以为爱痴狂，可以坚持所谓的原则。石小猛来自云南小镇，家里人都是朴实的农民，在偌大的北京城没有可以依仗的靠山，读书时就要依靠朋友救济才能毕业，毕业后留在北京一家公司做小白领，买房定金都要向程锋借，满怀期待的八万元首付款又被无良老板扣下，从此一步一步走向深渊。他唯一真正拥有的就是一份纯洁的爱情，但在面包与爱情的两难选择面前，他没有正确把持自己。最后三个人的结局是：程锋依然好过，还是亿万富翁，吴狄靠着哥哥的遗产也跻身社会上层，只有石小猛在监狱里忏悔。

　　我也看了这部片子，看完之后，觉得它其实可以有另一个名字——"穷孩子没有春天"。本来三人是大学同学，进入社会应该在同一起跑线上，拥有平等的机会和向上发展的空间，但事实是大学教育并没有改变他们的竞争力，在这部片子里，最终决定他们竞争力的还是他们的家庭背景。

　　就业如是，三个人当中，程锋顺理成章进入家族企业，吴狄进入了国际大公司做白领,而石小猛只能进入小公司,眼睁睁看着别人在兴高采烈地分享着大蛋糕,而自己能为面包而活已经实属不易。爱情亦如是,一份纯洁的爱情对于石小猛这样的"屌丝"而言几乎是奢望,而以程锋为代表的高帅富们,过着纸醉金迷花天酒地的生活,同时以纯洁轻而易举地在与石小猛们的爱情竞争中取得优势。当然升迁更是如此,如果石小猛没有跟程锋父亲那一纸出卖爱情的协议,他根本没有进入大公司谋取好职位的机会。吴狄若不是因为与伍媚的特殊关系受到提拔,恐怕也很难快速进步。而程锋则可以不费吹灰之力就能顺顺当当地继承家业。

其实,石小猛之前还算运气不错,至少上了二三流大学,毕业以后在北京当上了白领,还能付得起四合院里一间房子的房租,还有沈冰那样贤惠貌美的女朋友,并且还差点凑够了首付。然而,更多如石小猛这般出身农村又毕业于二流大学的"8090"就没有那么幸运了,他们的收入之低只能使他们委身城市边缘地带群居生活,他们被称作"蚁族",他们当中父亲职业阶层为管理人员、专业技术人员的比例分别只有 3.5% 和 8.5%,超过 90% 的毕业生毕业于非重点大学。

可见,大学,至少是在普通大学这一上升通道有一部分功能已经失效。但重点大学又一步步被上层家庭子女所挤占。南京大学历史系讲师梁晨基于对 1952-2002 年北京大学和苏州大学近 50 年间的学生档案进行研究后,曾在我国社会科学领域最高等级的权威学术期刊《中国社会科学》发表了一篇题为《无声的革命:北京大学与苏州大学学生社会来源研究(1952-2002)》的学术论文,其中显示:20 世纪 90 年代后,北京大学学生中,干部家庭子女占比呈现上升趋势,到 1997 年,该比例达到 39.76%,首次超过专业技术人员,更远超工人和农民阶层子女。北京大学教授潘维的一组数据也印证了这一说法,北京大学农村学生的比例从 20 世纪 50 年代的 70% 降至如今的1%。这意味着中国最顶尖的教育资源在有意无意中将不少寒门学子排斥在外。

可是在1996年以前,中国的大学仍然备受呵护,不仅学费低、前途有保障,而且与千百年来的科举制度一样,为静态的中国社会提供了由下向上流动的可能,是穷孩子们改变命运的主要通道。一大批寒门子弟通过高考,走出寒门,也让他们的家人及下一代的命运随之改变,最终彻底摆脱贫寒的阴影。2008年12月,时任总理温家宝在国家科技教育领导小组会议上的讲话《百年大计,教育为本》中也感慨:"过去我们上大学的时候,班里农村的孩子几乎占到80%,甚至还要高,现在不同了,农村学生的比重下降了……本来经济社会发展了,农民收入逐步提高了,农村孩子上学的机会多了,但是他们上高职、上大学的比重却下降了。"如今普通大学难以提供由下向上流动的机遇,而一线大学离寒门子弟又越来越远。大学收费高、毕业工作难找,寒门子弟希望通过教育来改变自己的命运的可能性似乎变得越来越小,成本越来越高,动力也就越来越不足。

而现在的大学,越是一线大学,生源家庭条件越好,而越是不好的学校招生越是困难,甚至招不满学生。2012年高考结束,众多省份都出现了高校"吃不饱"现象:河南三本高校半数招不满,生源危机向一本、二本蔓延;山东高考录取分数线降到180分,5万个招生计划落空;河北七成理工院校专科生招录不满……

优质教育资源集中于中上层阶层家庭,这是典型的赢家通吃。美国康奈尔大学罗伯特·法兰克与杜克大学菲利普·库克两位教授通过对美国上流社会少数精英手占据社会资源的现状进行深入观察和分析后,不无忧虑地在他们的《赢家通吃的社会》指出:"由于信息处理与传播网络日新月异,那些占据高位的才智之士握有的筹码日益增长,留给他人的利益空间相对的也就愈来愈小。娱乐界与运动圈内常见的奖酬制度,也就是几千人竞夺寥寥几个大奖的现象,已经渗透到这个经济社会里其他众多层面上。"

显然,中国社会已经出现了这种社会资源集中在少数金字塔精英手中的贫富差距现象。不过与西方不同的是,西方的金字塔精英往往是以权力、财富和名望进行划分,而在中国,权力阶层对于资源的攫取能力和速度要远远高于西方国家,正如之前提到的北大学生家庭背景显示,中国干部子女比例持续攀升,在1997年就已经接近40%。所以,中国金字塔的精英划分显得更为单一,是围绕权力进行划分的。离权力中心越近的人,就越能享受越多越好的资源;离权力中心越远的人,越难以在蛋糕瓜分中占据一席之地。

资深媒体人何力曾经以身边的朋友为例谈到过这个问题。他说有位老朋友,原来是新闻圈子的,后下海发达。他有两个女儿,对于未来的承继与选婿的问题,他还是希望门当户对。他说,是为未来小两口着想,如不门当户对,男方可能会压抑,长远看影响家庭幸福。我觉得有道理,但也忽生感慨:新的阶级不仅正在形成,而且相对固化——向着下一代延续。

过去的上升通道基本已经失效,新的社会流动机制还未建立,而上层阶层又处于一种相对封闭的内部交换和流动之中,于是强者恒强,弱者恒弱,阶层固化成为必然,底层个体命运的转型逐渐陷入停顿。更为严重的是,由于马太效应,上层精英占有的社会资源越来越多,而下层获取资源的能力越来越弱,受到的挤压越来越大,就可能流入更下层,从而形成"下流社会"。

"下流社会"的概念是日本社会观察家三浦展在他的著作《下流社会》中首次提出的。他认为,如今日本的年轻人一方面面临着就职难的困境,一方面却又得忍受频繁加班的困扰,在职业、婚姻、生活的种种竞争和压力下,痛苦不堪。于是一些人干脆放弃当事业和家庭中流砥柱的机会,而心甘情愿地将自己归于"下流"。《读卖新闻》的记者曾对此述评称,在少数IT精英和商界名流醉心于高档时髦的都市生活的同时,类似于喜欢在便利店里阅读廉价周刊的"散漫一族"这样的低收入人群正在不断壮大。在笔者看来,日本的年轻人尽管面对压力把自己归于"下流社会",但毕竟他们是主动的、心甘情愿的,他们虽然"下流"但并不底层。他们依然能够温饱甚至小康,只是喜欢"散漫"的生活方式,信奉"平淡是真"的生活哲学,不愿为了向上发展而去奋力打拼,对人生缺乏热情,不喜欢与别人接触。而中国的年轻一代则是根本丧失了成为"中流砥柱"的机会,他们的挣扎往往徒劳无功,被迫走向"下流",并且可能到达底层。

然而"阶层是会遗传的",三浦展严正地告诫大家,面对父母的"下流化",孩子才是受害最深的族群。这无形当中,又给现在正在"下流"的"8090"增加了压力,他们更害怕这种代际遗传陷入无限的循环,自己的今天将是孩子的明天,底层的命运最终成为自己一生及后代的宿命。

第二章 / 从拼爹到拼干爹再拼祖宗

人们终于不得不用冷静的眼光来看待他们的生活地位、他们的相互关系。

——卡尔·马克思

本章主要观点导读

/ 年轻人都有"成功"的焦虑,但相信平等哲学的人并不多。

/ 认"干爹"无疑是"屌丝"成长为高帅富、白富美的"高速电梯"。

/ 曹操一家是中国古代最著名最励志的通过"干爹"成功的例子。

/ 一边痛恨特权,一边却向往着掌握权力。

/ 拼"爹"的人其实一样没有安全感。

/ 从"拼爹"到"拼干爹"再到"拼祖宗",关系拼得越外围,内心的不安全感其实越强。

/ 如今的年轻人普遍虚弱得需要依靠才能站立,实际上是个很危险的信号。

许知远在《醒来》一书中讲过这样一个故事,1988年,将近80岁的"现代管理学之父"彼得·德鲁克在接受哥伦比亚广播公司(CBS)采访时说,他为以一个老年人的身份进入21世纪深感幸福,他说在他那个年代,一位工人的儿子甘心继续成为蓝领,而农夫的后人也毫无怨言地继续种地……但是现在,所有的年轻人都被要求获得成功,他们面临来自全球各个角落的竞争,并且都被灌输一种平等哲学:每个人的资质都差不多,只要你足够勤奋,你都可以通向最高层。

我想说,在中国,"8090"的祖父和父辈所生活的时代其实跟彼得·德鲁克所说的年代情况差不多。我们祖父那辈虽然很多人参加了革命,但是他们革命的初衷并不是想成为一个怎样成功的人,而仅仅是希望能够分得些田地正正经经当农民,或是多拿些工资能够将工人的生活过下去……父辈们处于福利社会当中,顶父母的班进工厂在他们心里是再正常不过的事情,老老实实地在家种地也觉得天经地义……而现在,年轻人都有"成功"的焦虑,但相信平等哲学的人并不多,反而觉得"人生而不平等的"占到大多数。

越来越多的不平等现象不断出现:现实中,没有一个牛逼老爹,不要说寒门子弟考入好学校的几率越来越低,就算你考上了也可能被人冒名顶替;就算你顺利上了学,想去银行当个实习生也得先存50万;就算你侥幸毕了业,想考个公务员,不是被人把体检报告单给改了,就是被改了分数的人顶替了你的位置;就算你幸运地找到工作,想找对象上个相亲节目,人家姑娘微笑地拒绝你:"宁可坐在宝马车里哭,也不愿在自行车上笑!"于是乎,"有志者事竟成"已经行不通,"有爹者事竟成"变成了"至理名言"。

人家有"爹"的,哪怕老爹只是个科级干部也胆敢把大学校园当成私家庄园，视他人生命如蝼蚁草芥，撞死了人只管搬出老爹的名号；还未成年就私自改装跑车，无牌无照上路，动不动就把人打得头破血流；大学毕业不费吹灰之力就能掌管数十亿的项目，频繁出访30多个国家，与国家元首社会名流交往……可谓"有爹走遍天下，无爹寸步难行"。

于是一个新的词汇被发明并迅速流行，这就是"拼爹游戏"。这个词和"富二代"、"穷二代"紧密相连。它不是一种游戏，而是指当今青年（多为80后90后）在上学、找工作、买房子等方面比拼的不是自己能力，拼的是各自父母的能力。

但是，出身天注定，富贵贫寒由不得自己选择。而这种天生的差异却严重影响了人生起跑线上的竞争力。无法改变出身，又想有一个好的背景，认"干爹"无疑是"屌丝"成长为高帅富、白富美的"高速电梯"。这在中国古代就已经被运用，最著名、最励志的当属曹操一家了。曹操家原本是"不知所从处"小家小户，在等级森严的东汉，门第是做官考察的必要条件，为了能够蹭进权贵行列，曹操的亲爹倒贴做了大太监曹腾的干儿子，于是曹操年纪轻轻，20岁就做了个郎官（相当于帝王随从），没多久又被提拔为洛阳北部尉（相当于首都某区警察局长），后来又当上了大将军、丞相，最后成为三国中曹魏奠基人。

如今，自从有了微博这种可以向公众随意表达隐私的自媒体之后，某些"8090"的美貌女子就迅速将之用于兜售自己与一个"爹"级权贵的暧昧关系，并将之运用得炉火纯青。"干爹"也被赋予了"时尚奢侈品"的属性，那些年轻女孩争相攀比，仿佛"干爹"就代表了自己的身份地位和品位档次。薛宝钗曾言："好风凭借力，送我上青云。"如今在这些人眼里，好"爹"就是"好风"，哪里管是"亲"的还是"干"的呢。

当然，"好风"也可以是"好祖宗"。2012年的5月份，有一群自称是"唐宋八大家后裔"的人身着汉服高调集聚北京,还要筹备"八大家宗亲联谊会"、集资建立用于宣传推广唐宋八大家的"唐宋遗风"网站。网友戏称"拼祖宗"时代到来。

其实,跟前面提到的"拼爹游戏"一样,不管衍生出来延绵不绝的"拼干爹"、"拼祖宗"还是"拼同学"、"拼妈"……主要当事人都是"8090",说到底他们拼的是关系,或者叫人脉资源。"拼"游戏的实质是一门博大精深的关系学。这里说的"关系"是一个具有中国特色的词汇,在中文中蕴含着丰富复杂的社会含义,有点只可意会不可言传的感觉,以至于在其他语言中根本找不到一个能与之相匹配和媲美的词汇。于是,在国外的社会学研究中,只能用汉语拼音"guanxi"来表达这个名词。

在中国,"关系学"之所以如此博大精深,是因为特权在其中起到了重要作用。谁都知道中国很长一段时期处于特权社会,权力至高无上,百姓见官要回避,上衙门请命得下跪。有权力就神通广大,生杀予夺无所不能。不得不说,这种权力至上的观点至今仍广泛存在,权力通吃、资源垄断依然大行其道。

这就导致了现在的"8090"一边痛恨特权,一边却梦想着挤入特权阶层。而成为公务员,在中国当下的行政体系中,是实现这一梦想必须且有效的途径。尽管大多公务员依旧离特权阶层很遥远,但这并不阻碍公务员的报考人数逐年上升,其竞争激烈程度早已超过高考。零点集团一项"中国青年人生活方式及消费调查"显示,公务员已经成为当下青年人的首选职业,76.4%的受访者希望到企事业、党政群机关就业。而近期网友从媒体的报道中整理的世界各国大学生对考公务员态度表明:在美国,3%的大学生愿意报考公务员;在法国,这个比例是5.3%;在新加坡,只有2%的比例。在日本,就业倾向中公务员排在榜单第53位;在英国,公务员甚至进入二十大厌恶职业榜。

这些数据让我们清晰地看到,与西方国家相比,中国的官员身份对于年轻人更有吸引力。因为监督体系并不完善,权力有着不小的寻租空间。他们这一代或许还没有参加"拼爹游戏"的资格,但是只要跻身了权力阶层,那么就为下一代拿到了入场券。根据美国社会学家莫顿的"马太效应"理论,任何个体、群体或地区,一旦在某一个方面(如金钱、名誉、地位等)获得成功和进步,就会产生一种积累优势,就会有更多的机会,取得更大的成功和进步。而享受着这种效应的人,犹如在进行着一场社会资源的饕餮盛宴,而在这个盛宴之外的人,连残羹冷炙都争取不到。

正是这种社会等级的相对凝固,才激发了"8090"内心强烈的"成功"焦虑,因为"穷"可能成为一种宿命,不管如何地自强不息努力奋斗,多么富有才华,依然可能受制于资源匮乏,竞争力不足而走向延续贫穷的代际循环之中,于是就可能产生扭曲的价值观。

诚然,没有资源可"拼"的"8090"是焦虑而无安全感的,但是那些大肆宣扬"我爸是谁谁谁",老把"我的干爹怎么怎么厉害"挂在嘴边,巴不得把"我的祖宗是怎样的大人物"昭告天下的年轻人,就很有满足感了么?

我看并不尽然。虽然他们表面上充满优越感,但我看到的却是他们内心潜藏着虚弱和不安。那些拼亲属关系的人其实很可怜,总是以"谁谁谁儿子"、"谁谁谁多少代孙"之类的身份活在这个世界上,活在他人的庇荫之下,除掉"谁谁谁的某某某"这个标签之后,他们就什么都不是,根本不知道自己是谁,怎么面对生活,怎么处理问题。从小他们就只有一张"我是谁谁谁的某某某"的王牌,除此一无所有,于是他们也只能被动地去"拼",去永无止境地使用他们的王牌,直到那张王牌过了有效期,或者超出服务区。正如李刚儿子李启铭最终入狱、罗彩霞的顶替者学籍被取消……而那些拼非亲属关系的,内心其实更为虚弱和不安。他们大多本来就是普通"屌丝"一枚,突然间攀上一个有权势的靠山,就赶紧出来炫耀,但这种关系本来就没有亲属关系来得可靠,必然是以某种利益进行的交换,譬如"权色""钱色"或者"权钱",因而这种关系的有效期和使用范围会更加有限。所以,从拼爹拼干爹到拼祖宗,关系拼得越外围,内心的不安全感其实越强。

"国强民弱"是法家最著名的统治思想之一。很多人说,这也是当今中国的现状。我基本同意这个观点,也许有人会去纠结于这个"民"的范围问题,但是毫无疑问"8090"的整体依然处于这个社会的弱势,不管他们是所谓"官二代"、"富二代"、"垄二代"、"黑二代"还是"贫二代",其实都无一例外地缺乏安全感。虽然处于优势地位的"二代"们可以从上一代继承和享受到一些资源优势,但是那种属于他们的个体存在感、成就感和满足感尚未建立,上一代赠予的奢华外衣里包裹的是他们矮化的人格和脆弱的灵魂。而"贫二代"则即便有坚韧的心灵,但缺少了坚利的外壳保护,往往也不堪一击。

在2012年,又一次奥运盛会开始了,然后又结束了。中国奖牌榜位居第二,仍是当之无愧的体育大国。按照我们从小教育得到的价值观,我们当以此为傲。然而,以"8090"为代表的年轻人仿佛对此已经失去兴趣,反而在举国体制的强大冲击下更加感到个体的无力与渺小。"少年强则国强,少年独立则国独立",而如今的年轻人却普遍虚弱得需要依靠才能站立,实际上是个很危险的信号。

第三章 / 有房人终成眷属,有情人终成房奴

爱情,如果不落实到穿衣、吃饭、睡觉这些实实在在的生活里去,是不容易天长地久的。

——三毛

本章主要观点导读

/ 不少人正将幸福与房子捆绑。

/ 不可否认房子确实可以给人带来安全和归属之感,而这种感受是一定可以给幸福加分的。

/ 在物价飞涨的时代,对于"8090"来讲,不买房子绝对是一件冒险的事情。

/ 同样是二三十岁的年纪,中国 80 前的人们要幸运很多。

/ 倘若你们认为"8090"着急买房的心态不正常,那也不是 8090 的问题。

/ 不缺智慧的"8090",却在如今的现实和压力面前变得庸庸碌碌和穷忙,这让他们有了未老先衰的迹象。"中国创造"举步维艰,根源恐在于此。

"有房人终成眷属,有情人终成房奴",这本是某年情人节一楼盘打出的广告语,它将"有情人终成眷属,有房人终成房奴"进行了逻辑颠倒,却精妙地描绘出一个可悲的现实:有情人有房子才能终成眷属,但是最终又无法摆脱房奴的命运。某网站曾经在七夕做了一个调查,到底是"有情人终成眷属",还是"有房人终成眷属",结果,超过87%的人选择了"有房人终成眷属",只有不到13%的人依然相信"有情人终成眷属"。

可见,不少人正将幸福与房子捆绑。他们觉得房子就是婚姻的必需品,没有房子就得不到幸福。正如《蜗居》里的海萍所言:"爱情那都是男人骗女人的把戏。一个男的爱一个女的,什么都先别说,先送上一沓钞票,让这女的有安全感,然后奉上一幢房子,在你伤了这个女人以后,虽然她的心失落了,可是至少身体有了着落。"

虽然,我对这种把房子作为情感和婚姻前提的观点并不赞成,但是不可否认房子确实可以给人带来安全和归属之感,而这种感受一定是可以给幸福加分的。也许很多人都有过这样或那样惨痛的租房经历,在租房市场供需失衡时,房东占据着强势地位,随时可以涨房租或者让你卷铺盖走人。记得我当初刚刚大学毕业的时候,第一次租房,就因为承担不起上涨的房租,被房东赶出门外,与同学冒着南方夏季的雷雨连夜找房。所以,租房总是艰辛的,租房难以带来生活的稳定感和家庭的归属感。住的房子是买的还是租的,感觉有天壤之别。

而在物价飞涨的时代,对于"8090"来讲,不买房子绝对是一件冒险的事情。控制房价的话政府年年讲,房价还是年年涨。虽然偶尔可能会有一阵平缓期,但是回暖的态势又很快到来。而且经过这么多年的房价上涨,大家内心都普遍达成了这样的共识:房子终归早买比晚买好,越晚就越可能买不起。收入又总是很难赶上房价的上涨,不抓紧买房,就可能永远没房。同时,在中国,公共资源紧缺的情况下,房子不仅仅是家的外壳,还有着极其丰富的外延,没有房子可能转不了户口、没有健全的医保、今后小孩上不了好的学校……没有房子几乎成为不成功、堕落、绝望的代名词。

无怪乎,丈母娘一定要求有房才嫁女儿。这些从福利社会走过来的"5060"等上一辈在考虑问题的时候,"稳定压倒一切"是最重要的指标。也许他们不在乎你今后的"升值潜力"多大、不求女儿今后跟着你如何大富大贵,但是至少在看得到的现在需要有一个相对有保障的环境,从而不必为以后居无定所,辗转流离而担心。

所以,周立波开玩笑说:"中国人要把房产证的复印件贴在自家门上,这样有助于增加自己的幸福感。"话是过了点,但确有道理。不过这种"幸福"在大多数"8090"身上只能是"痛并快乐着"。年纪轻轻的他们,为了这份"幸福",不得不为"奴"为"婢",透支青春、牺牲健康,得到"快乐幸福"就得先忍受"痛"。"每天一睁眼,就有一连串数字蹦出:房贷6000,吃穿用2500,交通费580,物业管理费340,手机电话费250,还有煤气水电费200……也就是说,从我苏醒的第一个呼吸起,我每天至少要进账400,至少!这就是我活在这个城市的成本,这些数字逼得我一天都不敢懈怠。"这是电视剧《蜗居》里的海萍的台词,也是众多"8090"房奴的生活状态。

同样是二三十岁的年纪,中国80前的人们要幸运很多。他们大学毕业的时候基本上都还处于福利社会当中,房子还没有那么商品化,或者在人们的观念当中还没有真正商品化。所以,他们要么安安稳稳地住着国家或单位提供的房子,要么也还没有担心房子的必要。虽然他们身体上有多忙碌和辛苦,但是他们的精神是轻松的,他们有精力去思考和学习更多的东西。

再加上他们不必买房存下来的钱,足以让他们在适当的时机成就自己的理想。他们得到了低门槛的创业机遇,又争取了几年房价还未高企的事业开拓时间,迅速发展壮大。而当人们普遍抱怨房价太贵、买不起房的时候,他们已经可以随意卖屋置地,"不贵不买"了。

同样是80后,许多国家的80后也都幸福得多。

在国外,成熟市民社会民众对于自己生活地方的归属感很强,自己家周围的一草一木常常是自己小时候熟悉的样子,周围的小店餐馆可能都是上百年的老店了,他们并不觉得非得生活在大城市,哪怕在乡村小镇一样生活得便利舒适。所以他们不会蜂拥在大城市,去抢占所谓的优质资源,使得当地房价供需不平衡而价格猛涨。也不会有"丈母娘的硬性要求",整个社会的价值观也不会与房子挂钩。房子在哪?大小如何?什么时候买?对他们来说都是无所谓了。

有位80后日本人曾这么说,现在伦敦和东京的年轻人越来越不考虑买房子,聪明的人是不买房的,而且买房等于谋杀你的未来。因为买房等于定居,定居是什么?就是你不动了,全球化、信息化流动的时代,你不动了。

所以,国外的80后就少了很多压力,他们不会因为没有房子就找不到女朋友,结不了婚,遭人看不起,哪怕是富豪,也不急着买房子。比如创办Facebook的扎克伯格,在2007年只有23岁的时候,就已经身家260亿美元,但是他坚持租房7年,直到2011年才买了房子。于是,就有了这样的数据:过去3年中,英国首次购房者的平均年龄已由33岁上升至37岁;日本和德国为42岁;美国首次购房者年龄达到30岁以上。然而,中国的首套房贷者的平均年龄只有27岁,比发达国家要早一代人的时间。

所以,那些整天高喊着"8090"不该买房的大叔、大爷们该歇歇了,不管你举出多少80前年轻时不买房的成功人士的事例,还是搬出多少国外青年对房子洒脱的价值观的榜样,都不足以令"8090"们信服,因为在不同的时代和国情下是没有可比性的。倘若你们看不惯"8090"着急买房的心态,那也不应该对他们横加指责,他们无非是不正常房地产市场和社会价值观的受害者。如果不对房地产市场进行改革,不对价值观进行引导,社会上依然存在"丈母娘压力",房子还是成功的标志,那么着急买房的人只会增加不会减少,这种心态会更加普遍。

如果说房子问题是横亘在"8090"头上的一座大山,那么生活上的开支就是第二座大山。还记得前边提到海萍的那句台词么?"每天一睁眼,就有一连串数字蹦出:房贷6000,吃穿用2500……"吃穿用的开支仅次于房贷。"8090"也常常受到长辈的指责:"挣得不多,花得却不少,总是在追求名牌、有机的、绿色的、进口的东西,贪图享受。"其实这是个大大的误解,"8090"挣得少花得多是事实,但却不是什么"贪图享受",而是在残酷现实的逼迫下不得已而为之。

一年前复旦大学的研究生吴恒与34名网络志愿者创办了掷出窗外网站,网站概括了从2004年至2011年这8年间的食品安全状况。调查显示2004年全国仅有4个食品安全问题严重区域,而2011年变成了11个,华南地区几乎无一幸免,而且不分领域,不分阶层,全部涉及。网站创办不久,便迅速走红。有网友将这种现状进行了总结:

早起,买两根地沟油油条,切个苏丹红咸蛋,冲杯三聚氰胺奶,吃完开着锦湖轮胎的车去上班。

中午,瘦肉精猪肉炒农药韭菜,再来一份人造鸡蛋卤注胶牛肉,加一碗石蜡翻新陈米饭,泡壶香精茶叶。

下班,买条避孕药鱼,尿素豆芽,膨大西红柿,石膏豆腐,回到豆腐渣工程天价房,开瓶甲醇勾兑酒,吃个增白剂加吊白块和硫磺馒头。

饭后抽根高汞烟,去地摊买本盗版小说,回去用一会儿盗版操作系统的 XP,晚上钻进黑心棉被窝。核辐射算啥,很盐重(指严重)吗?中国人开的车,行驶在全世界最堵的路上,交着全世界最多的买路钱,避让着全世界最多的特权车,提防着最厉害的马路杀手,暴露在全世界最密的电子眼下,担心着全世界最诡异的罚款命运。买车缴上全世界最多的税费,烧着全世界最贵的油,还 TMD 找不到停车位!我们要坚强地活着:尽管油价又涨了,房价还坚挺,尽管核辐射笼罩着天空,地震持续不断,尽管双汇含有瘦肉精,毒大米时有出现,尽管学位紧缺床位难求,孩子常在校园遭意外,尽管小三横行滥情成风,老板还不加工资,我们都要坚强地活下去,因为……因为墓地又涨了。

在充斥着问题食品的社会中,怎能不让"8090"步步小心?特别是从 2010 年起,很多 80 后都逐步踏入爸妈、准爸妈行列。之前安徽阜阳的毒奶粉让一个个宝宝变成了四肢萎缩的大头娃娃,三鹿奶粉让 29.6 万的孩子泌尿系统出现问题,这些血淋淋的教训使得"8090"不敢冒险,万一又出现一次类似的情况,那真是万劫不复,宝宝和自家小两口的生活和前途尽毁。于是,只能硬着头皮,花大价钱买风险更低的洋奶粉,又给自己徒增了压力,"一天都不敢懈怠"。

连岳曾经讲过一个常识:悠闲是智慧之母,太忙碌的生活不值得追求。中国的"8090"加在一起有 4 亿之多,他们本来应该是这个社会最具创新和活力的中坚力量。曾经有过无忧无虑的童年和悠闲的少年时期,不缺智慧的他们,却在如今的现实和压力面前变得庸庸碌碌和穷忙,这让他们有了未老先衰的迹象。

"中国创造"举步维艰,这恐怕是根源之一。

第四章 / 没有二百万,难做中国人

一切关于"伟大中国故事"的讨论与炫耀,都无法摆脱这样一个事实:我们已经变成一个精神空洞的国家,对物质的追求可以短暂地给我们的生活赋予意义,但从长远看,我们需要一些根本的东西。

——许知远

本章主要观点导读

/ 体育实力是不是国家综合实力的体现,普通人很难判断也不关心,但是中国体育精英与普通民众之间的差距,却很容易被大家所感知,社会贫富差距亦是如此。

/ 二百万对于目前的一线城市来说,很大程度上仅仅是一个定居的门槛。

/ 90后刚走出社会,80后还在奋斗的路上,希望是他们前进的动力。然而现在时常冷不丁地抛出一个个"天文"数字,直接扼杀了他们对未来的憧憬。

/ "职业小三"等种种不健康的社会现象与社会经济的畸形发展密不可分。

/ 面对社会财富的急剧膨胀,普通民众更是表现出了对财富罕见的饥渴感。

在2012年的伦敦奥运会上,中国代表团共夺得38金27银23铜,仅次于美国,排在金牌榜和奖牌榜第二位。中国选手打破6项世界纪录和6项奥运会纪录,这是中国代表团在境外参加奥运会的最好成绩。这一个个的傲人成绩,就能证明中国人的整体身体素质真的很优秀了吗?实际上暴露出的问题,会让你大吃一惊。

新华社记者杨明在2010年亚运会的那篇《一骑绝尘引发的思考》中,援引官方数据指出,在金牌第一的同时:"目前中国有1.6亿人患高血压、1.6亿人患高血脂,有2亿人超重或肥胖;城市里,每5个孩子就有1个小胖墩儿,高中生85%以上的学生是小四眼儿;和日本孩子比,我们的中学生在身体素质多项数据上差很多;我们参加运动的体育人口只有28%,人均体育设施在世界上排百名开外……"最后的结论是:"在亚洲,我们的体育人口和体育设施人均比绝对排不进前10名,就在中国竞技体育取得辉煌成就的这20年中,中国人的体质正在明显滑坡!"

这就是现今中国体育的现实:体育精英们在世界上更高、更快、更强的同时,普通民众却连提袋大米上层楼都要气喘吁吁。

在伦敦奥运会后,《焦点访谈》有一期《奥运启示录》,里面提出一个观点,体育实力是国家综合实力的体现。体育实力是不是国家综合实力的体现普通人很难判断也不关心,但是中国体育精英与普通民众之间的差距却很容易被大家所感知,社会贫富差距亦是如此。

2012年年中,中国家庭金融调查与研究中心发布的《中国家庭金融调查报告》称,中国家庭资产平均为121.69万元,城市家庭平均为247.60万元;中国家庭自有住房拥有率为89.68%,远超世界60%左右的水平,甚至高过美国和日本；城市首套房平均收益率在300%以上；2011年中国城市户均拥有住房为1.22套……这份报告出炉后，网友们纷纷惊呼，自己拖了大家的后腿！更有人无奈地表示，自己"被平均"了！"8090"更是悲观地认为，生活在城市里如果说自己没有两百万家产，都不好意思说自己是中国人。但参与调查的工作人员在接受记者采访时坚称，调查的数据是可靠、可信的。

其实，网友大可不必对这些骇人听闻的数字大惊小怪，"8090"更不必耿耿于怀，这些只是统计学数据而已，与你没有半毛钱关系。普通人的个体真实感受，才是对这个国家的最好描述，比那些抽象的统计数字和夸张的媒体报道要生动和贴切得多。

美国统计专家达莱尔·哈夫的传世之作《统计数字会撒谎》就揭露了统计数字背后的种种奥秘。书中指出，就平均数而言，在统计学里就有宽泛的含义。"当一个家伙希望用数据影响公众观点，或者向其他人推销广告版面，平均数便是一个经常被使用的伎俩，虽然偶尔是出于无心，但更多的时候是明知故犯。所以，当你被告知某个数是平均数时，除非能说出它的具体种类——均值、中位数还是众数，否则你对它的具体含义仍知之甚少。"在希望数值较大时使用均值，数值相对较小时利用中位数，还可以利用众数——所有待统计的数序列中出现次数最多的那个。"通常情况下，单凭一个平均数来描述事物过于简单，难起作用，不管这个平均数是均值还是中位数，也不管平均数的具体类型是否已知。"另外，调查所选取的样本往往也会有所偏差。这又让我想起一个经典的老笑话，比尔·盖茨走进一家咖啡馆，平均起来咖啡馆里的所有人都是千万富翁了。

虽然这份报告的数据值得商榷，但是却将一个事实摆上前台，中国已经明显出现了"M型社会贫富悬殊"。"M型社会"这一概念出自日本经济战略专家大前研一的著作《M型社会：中产阶级消失的危机与商机》，是近年来描述贫富悬殊这一社会现象的新名词。M 的左边是指低下层收入人士,右边是指高收入人士,两者人数会越来越多,中间的中产人士则逐渐减少,大多数沦为中低阶层。

大部分的"8090"显然处于中低阶层。抛开这个报告,200 万仅仅是一线城市定居的门槛,二三线城市生活的基本保障。不久前,包括新浪、腾讯在内的各大门户网站都有这样的报道,标题是"中国大陆娶老婆成本最高的十大城市",其中深圳、北京、上海都超过了 200 万元,杭州、广州、天津、南京超过了 100 万元。官方或者科研机构报告的数据样本和统计方法总是艰涩难懂、让人怀疑,但网友简单的列举和计算得来的结果更容易让普通人明白和信服。

以排在第二位的北京为例,娶老婆成本包括:

1. 房屋一套(80 平方米以上):以均价 20000 元计,计 160 万元。

2. 装修:中等装修,80 平方米算,计 15 万元。

3. 家电家具:计 8 万(有部分由女方以嫁妆形式出资承担)。

4. 轿车:普通轿车为标准(以现代伊兰特为例,约 12 万元)——一个北京女孩难以同意以汽车以外的工具代步。

5. 办喜酒:4 星级酒店 200 人(20 桌)计算,包括自带酒、烟、糖,计 4 万元(以人均 200 元花费计),回收红包以每桌平均 2000 元计 4 万元,收支相抵。

6. 度蜜月:不去港澳地区,不去新马泰,更不去云南、海南。主要以澳洲、欧洲为主,要不马尔代夫也行,以马尔代夫为例,平均每人费用以 10000 多,费用约为 3 万元。

7. 恋爱期,包括出去吃饭、买礼物、娱乐、旅游、送女友父母节日礼品等，以平均每月 2000 元的标准，谈 2 年，共 4.8 万元。

综上，成本合计 202.8 万元。

以男方家庭有 30 万元家产，男人年收入 6 万元计，攒够这笔钱需 28.8 年。最后得出结论为：男方倾家荡产＋男人不吃不喝工作 28.8 年＝娶一个北京中等条件的老婆的成本。

这还只是结婚，以后还要生孩子、过日子，教育、医疗、养老……支出就更是难以计算。越大的城市，资源越好，但消费也会越高。"二百万"勉强够"8090"购买进入大城市的入场券，"场内"消费还得自行解决，数目可能更为巨大。

于是，很多"8090"开始选择"逃离北上广"，离开一线城市，到生活成本更低的二三线城市。然而，到了二三线城市以后他们发现，二百万也不像想象中的那么好使，也许二百万除了支付"入场券"费用以外，能再支付一些"场内"费用，但二三线城市除了房价以外，因为没有一线城市监管得严，物价也未必便宜多少，挣的也没原来多。许多重新开始起步的"8090"还出现了严重的水土不服：越小的地方人际关系越复杂，公平性可能越差。为了生存，许多时候不得不"花钱"适应"潜规则"。在小城市转了一圈之后，他们又失望地去吃北上广的回头草去了。据中华英才网 2012 年 8 月 22 日发布的《第十届中国最佳雇主榜单及调查报告》显示，继前两年广大毕业生纷纷逃离北上广之后，形势又急转直下，新进入职场的求职者再次将目光聚焦在一线城市。2012 年，在毕业后一年内选择留在一线城市的大学生占比最高，为 63%，和上年的 38% 相比有较大幅度的上升。

90 后刚走出社会，80 后还在奋斗的路上，希望是他们前进的动力。然而现在时常冷不丁地被抛出一个个天文数字，直接扼杀了他们对未来的憧憬。走寻常路注定没有出路,不如起身寻找"捷径"?

2010年9月,一个叫"左兰兰2010"的网友开始在微博上陆续爆出自己傍上高官当"职业小三"的生活和内心世界,并号召年轻姐妹当"小三",奔小康。她自称来自农村,家乡到处是家庭企业,工人基本上是外来打工者,每天工作12个小时,工资不到1500元。"每当看到她们,看着美好的青春被这样廉价地折旧,我心里总是一阵酸楚。虽然说劳动是光荣的,但这种光荣我宁死不要。"大学毕业以后尽管有了工作,但是3000元的工资,让她感觉生活很艰难,又不忍心再向父母要钱,"在大城市里举目无亲,所以我选择了寄生"。明知自己做着"拿青春赌明天"的事,但她自称不会后悔。"小的时候,我也曾经有过远大的理想和抱负,但在我求学的过程中,在我就业的过程中,碰到的种种不公平,彻底粉碎了我的梦想。我选择了这样的生活方式,明知道有风险,但我还得用青春赌一把明天。"就这样,"此生以来,我的第一个重大决定,就是把我的初恋献给了比我大二十岁的已婚男人。这一决定是一个重要转折点,由此将改变我的整个人生轨迹。"

这些年,像"左兰兰2010"一样傍大款倚高官,做"小三"、"二奶"早已不是什么新鲜事,不过像她这样理直气壮,并毫无忌讳地把自己从幕后推到台前,在大众面前甚感"光辉荣耀"还不多见。虽然"左兰兰2010"的做法不免有些极端,极大地挑战了主流价值观,但是从她的自述来看,她原本也不过是普通底层的80后大学毕业生中的一个,奋斗过、抗争过,只是努力过后依然苍白无力,曾经的激情与梦想在现实面前一点点地退败,弄得狼藉不堪,不得不高举双手宣告投降。于是才剑走偏锋,做起了"小三"、"二奶",但却"一路阳光",反而活得更有"尊严",不仅当上村委委员,每次回家都"高朋满座",常常"谈笑有鸿儒,往来无白丁",生活极尽奢华之外,还能出手阔绰地全资给村里修公路,连父母在老家都变得极有面子。

两相对比，你又会作何选择呢？

人是理性的动物。每个人都会自觉地权衡利弊得失，找到对自己最有利的解决问题的办法。当然我们不能说她的这种做法和观点是正确的，但是如果这个社会不是那么金钱至上，也不至于催生这种不正常的个人价值观和生活态度。

其实，"职业小三"的涌现与社会经济的发展密不可分。过去的几年，大规模的经济刺激计划支撑了中国近两位数的经济增长，在世界银行公布的2011年各国家和地区GDP（国内生产总值）的排行榜上，中国的GDP仅次于美国位列世界第二。作为世界第二大经济体，我们的国家领导人在国际社会行走早已信心十足，所到之处都有"财神驾到"般的热烈欢迎。西方经济学中有"滴流经济"一说，认为只要整体经济发展良好，经济资源增多，就好比河流的水源多了自然会使所有支流水量增多一样，使经济的成长惠及社会每一阶层和每一个人。然而事实上，"滴流经济"在中国并未起到作用，反而加剧了中国社会的不平等。

权力、财富、地位两极分化越来越严重，位于上层的那极挤压着位于下层的另一极的生存空间，下层个体如何自强不息、奋力拼搏也无法撼动权力阶层，妥协自然成了大多数人的选择，用一个好听的词来讲那就是"适应"。

正如"左兰兰2010"所言，"我们这个国家，大部分的财富和权力掌握在少部分的男人手里。我们女性，如果能控制这少部分人里的一个，实际上等于拥有了一片江山。有资本做小三的女性，何不向我学习，分享这些财富呢？"

她的论断虽有违道德，但却在一定程度上符合"逻辑"。

当社会财富急剧膨胀，富人阶层不断壮大，而越来越多仍身处底层的

"8090"对跻身中产阶层感到无望的时候,腐败的、欺诈的、低俗的、丑陋的、暴力的……种种不健康的社会弊病会不断地滋生暗长,并被人们所宽容和默许。回过头来才发现,物质富足并非社会发展的最终目的。然而,不和谐的隐忧已经埋下。

第五章 / 呐喊声虽大,却无人倾听

现在年轻人身上最让我感到不安的一点,是垂头丧气,中国"8090"里面这种气氛弥漫得很严重。

——刘瑜

本章主要观点导读

/ 没有话语权的人,即便话再有道理也不一定会有人愿意听,只能通过放大声音来吸引别人的注意力,然而这种努力过后的效果也可能不佳。

/ "8090"是代际里的"富裕中的赤贫"。

/ "8090"虽然人数众多,但是已经很难成为互联网上的意见领袖,那些掌握话语权的多数还是现实生活中有身份、有地位的80前。

/ 韩寒文章的真假是否真的那么重要?80后也许不在乎。80后在乎的是他们需要有这样一个传声筒。

/ 表面的温馨时间长了,会消磨80后发声的力气。

/ "8090"只有变得更强大,才能占据一个个具有话语权的重要席位,成为真正意义上的潮流引领者。

古人说,有理不在声高。意思是,只要道理在你那里,你的嗓门高低没有关系。其实这句话是有瑕疵的。现实生活中,没有话语权的人,即便说得再有道理也不一定能引起别人的重视,只能通过放大声音来吸引别人的注意力,然而这种努力过后的效果也可能不佳。

在日本,有一个叫做釜琦的地方,是日本最大的贫民窟,从灯红酒绿繁华的日本大阪市中心坐火车,过不了多久就能抵达。这里是个被抛弃的社会,破败拥挤,疾病是这里的常态,肺结核的传染率是3%,相当于日本国民平均传染率的30~40倍。病痛与极度贫困结合会产生更恶劣的后果,如肝炎、高血压、酒精中毒、抑郁症及吸毒。这里人们的生活往往伴随着离婚、破产和疾病,住在釜琦的人可能每天都要在建筑工地做苦工,也可能在饭店门口发传单,而更多的是流浪汉。他们被从四面八方"驱赶"到这里,沉入社会最底层,然后再也没有动弹的能力。死亡成为不远的必然,他们是被遗忘的存在。这样一个与日本发达经济极不相称的地方,官员们并不想让人知道,所以这里在官方地图上根本找不到,甚至连很多大阪市民也未必知道它的存在。然而,2008年年中的一场大规模暴动,让人们把目光投向了这里,这场暴动旨在控告警察虐待当地居民。当时日本媒体对此几无报道,只有外国媒体关注较多,最后他们的举动仅仅成为死亡前的无效呐喊而已。事实上,类似这种"富裕中的赤贫"之地,世界各地比比皆是,但是因为被刻意遮盖,人们看不见,在大家的认知里就成了不存在,久而久之连它可能存在过的痕迹也被抹掉了。

同样,这种地方在中国或许也不少见。不过,我想从另一个角度来讨论"富裕中的赤贫"。在中国自从有了"80后"的称呼以后,各个年龄段也被以此方式一一定义：60后、70后、90后、00后……然而50后、60后及70后的一大部分人虽经历过苦难，却也享受到了福利社会带来的物质保障，并在中国经济的快速发展中积累了丰富的财富；00后以后的人还未成年，尚可舒舒服服地受庇护于上一辈；只有"8090"错过了分享制度红利的时机，需要独立不得独立，该而立又无法而立，可以说是代际里的"富裕中的赤贫"。他们当中大多被挤压到了城市郊区的村庄，一样的狭窄迂回、污秽横流；他们与在建筑工地做苦工的和饭店门口发传单的人居住在一起，他们的收入也未必比后者高，只是工作环境稍微体面一些。他们的脸上总是愁眉不展，工作、结婚、养育小孩、赡养老人，没有一样不让他们忧心忡忡，房子问题又成为挥之不去的阴霾，生活压力越来越大，希望渐渐变成了绝望，于是形成了渐渐弥漫的垂头丧气的氛围。当然，也有一部分人直面现实存在的问题，不再自怜自艾，在危里抓机，从而也能走向成功。

这样的一群代际里的"富裕中的赤贫"，必定需要足够的发泄渠道和意见表达途径。表面上看，我们赶上了全球化的信息革命，互联网的出现以及博客和微博时代的到来，使"8090"有了更大的呐喊舞台。"8090"以为自己的声音可以震慑世界成为时代最强音，但事实却并非如此。

在互联网进入中国的最初阶段，是80后最自由的狂欢期。当时互联网还是新生事物，年长者尚未搞清它为何物，90后不是太小就是还没出生，80后及部分70后可以说是互联网的绝对主角。他们任意发声几乎无人干涉，只是他们的声音只在80后中间封闭传播，声音再大也只有自己听到。他们不过是一群自语者，他们的言论难为外界知晓和关注。

很快，过分的自由加上80后的青春冲动，互联网成了流言和滥情的最佳集散地。网络的声音连同这个阵地一样逐渐被人们所不屑。

随着年龄的增长，80后开始以成熟的眼光看待这个世界。网络上的发言回归正常并越来越有见地,并能够影响和带动后来的90后、00后。网络民意曾一度引起重视,连两会的总理记者会上温总理也曾提及重视网络民意志。然而,随即就有专家表示,网民是一个特殊群体,但中国更大的利益群体在线下,多数的农民、农民工都不上网,他们不是网民能够代表的,所以网民不能以民意代表自居,因此政府也不能光看网上的东西,不是说使网民高兴了就等于大家都高兴了,不能仅以网上的舆论来左右自己的政策。这番言论出自经济学家樊纲,至今他的这段话至今仍然具有一定的警示性,很多专家与他一样对此持审慎甚至冷漠的态度。

而当互联网真正受到重视之后,自由早已不在,互联网与广播电视、纸媒一样受到严格的控制和监管。互联网也不再只是年轻人的舞台,越来越多的"5060"甚至是上了年纪的人加入进来,还有像经济学家茅于轼这样的"80后"——80岁以上的老人们,网民的平均年龄越来越大。这几年,网络群体事件时有发生,"邓玉娇事件"、"南京天价烟房地产局长事件"、"张家港官太太团出国事件"、"云南躲猫猫事件"、"陕西周老虎事件"……网络上强大的舆论直接影响了事件最后处理结果,互联网越来越具有影响力,然而这股强大的力量并非源自"8090"。"8090"虽然人数众多,但是已经很难成为互联网上的意见领袖,那些掌握话语权的多数还是现实生活中有身份、有地位的80前,他们可能是企业家、官员、学者、作家……而"8090"充其量是他们的附和者和追随者,大多只能推波助澜,难以引领潮流。

这时候,可能很多人会想到韩寒——互联网上绝对的意见领袖了,博客点击量全国名列前茅。不得不承认,这几年韩寒利用博客不断发表他对公共事件的观点,为弱势群体与强权叫板,受到了相当的尊敬。梁文道评价"假以时日,韩寒能够成为当代鲁迅"。但是就是这样一位被公众认可、硕果仅存的80后,也一度被质疑。先有麦田言之凿凿的质疑批判檄文,再有方舟子剥皮抽丝地例证打假,亦有一众网友鼎力支持。韩寒文章的真假是否真的那么重要?也许80后不在乎,80后在乎的是他们需要有这样一个传声筒,需要有这样一个话语权,如果韩寒也倒下了,整个80后的声音就更微弱了。

如今,互联网的虚拟性已经越来越弱,现实性越来越强,互联网很大程度上已经是现实社会的移植和复制。现实中有话语权的在互联网上同样有话语权,而在互联网上争得了话语权也就等于在现实生活中得到了相应的地位。

但"8090"现实生活的卑微处理,恰恰是互联网上虚弱表现的原因。他们总在积极表现,热情参与,呐喊声很大,但却和声寥寥,他们的声音总是无法成为这个世界的主流,往往不是被淹没,就是被刻意地遮盖。

于是,他们疲于对公共问题表态,转而热衷起怀旧。如果你逛逛中国大型的社交网站、微博、论坛等,可以看到关于80后的话题最多的是那些谈论童年记忆的,比如卡通漫画、电视剧或者是从街头小贩那里买来的便宜玩具再或者是零食……总之是跟成长有关的东西,而这些东西很多现在都难以找到了。80后维系在一种共同的记忆上,实际上这是一种在现代中国社会经历困境而又缺乏疏解通道的反映。可以说,他们试图通过怀旧来寻求一种自我安慰。80后的许多人都感受到了相同的压力,包括生活上和工作上的,特别是现在面临结婚的80后遇到高房价压力。在这种压力下,许多年轻人在互联网上抱怨,悲叹他们几乎没有什么希望实现他们的梦想。这些现状打击了许许多多年轻人。因此,许多80后开始追忆往昔,回想他们早已失去的纯真,以逃避他们内心深深的。另外,在20世纪80年代及90年代的早期,80后的课余生活是贫乏的。彼时城市的孩子已经多是独生子女,所以,对于大多数人来说,动画片和电视剧是他们儿时的玩伴,是充满美好温暖的东西,带着理想主义的情怀。

但是这种表面的温馨时间长了,会消磨80后发声的力气。80后没了声音,90后还敢出声么?渐渐地他们的意见就会被忽略,整个群体也可能被抛弃,从而在社会阶层层面上向下流动。

所以生活在丛林社会,物竞天择、适者生存、优胜劣汰、弱肉强食,"8090"只有变得更为强大,才能占据一个个具有话语权的重要席位,成为真正意义上的潮流引领者。被打造出来的公知韩寒说,政府拥有公权力,但其实每一个个体的话语权、具体人权、能力,包括社会影响力,甚至苍白无力,都能汇聚成权力。当有足够多后者,就能够改变公权力。但改变公权力并不是目的,束缚公权力才是。所以,那些这样的个体很重要。而且"8090"应该有更多这样的个体,这个群体才有足够的权力和底气,才能不需要呐喊就能对社会产生影响。唯有如此,这个群体有希望,国家才有希望。

第六章 / 我们都是无头苍蝇

今天的社会为我们提供了更多的选择,但具有讽刺意义的是,人们的满足感却严重匮乏。

——大卫·美尔斯

本章主要观点导读

/ 依然身为蚁族的80后蓦然回首发现,自己其实连蚂蚁都不如,更像是只无头苍蝇。

/ "8090"之所以容易选择焦虑,跟他们的成长背景密切相关。

/ 80后有着太多的共同的童年记忆,而这些共同性也就意味着没有选择性,于是他们不需要选择,也就不习惯选择。

/ 他们会意识到自己已经被各种选择包围,但是又常常无法选择,因为很多时候你在选择的同时也在被选择,而最后留给自己的选择其实并没有想象中的多,有时甚至没有选择。

/ 对于不习惯选择的80后和不会选择的90后,过多的选择反倒成为他们的负担,倒不如曾经国家给大学毕业生和年轻人塑造的人生之路来得幸福。

/ 过多的选择是有代价的。

/ 尽管现在的选择越来越多,但是人们生活的满足感却在下降。

/ 社会赋予年轻人选择的权利之前并没有给予他们一个培育选择能力的环境,反而削弱了他们选择的资本和底气,于是选择就变得残忍。人生也就注定布满"杯具"。

在生物界,有一些较为低等的生物,它们的神经没有都进化到大脑,有身体里的神经节,就算掉了脑袋还可以行动,只是失去了眼睛和部分神经无法控制行动。苍蝇就属于这种有顽强生命力的低等动物,据说如果苍蝇被切掉了头,因为失去了方向感,它还会扑着翅膀在原地打转数小时,直到饿死。

2009年,青年学者廉思出版了《蚁族》一书,提出"蚁族"的概念,对"大学毕业生低收入聚居群体"进行了典型概括。蚁族是继三大弱势群体(农民、农民工、下岗职工)之后的第四大弱势群体,绝大多数人没有"三险"和劳动合同;他们的平均年龄集中在22~29岁,九成属于80后一代;他们主要聚居于城乡接合部或近郊农村,形成了独特的"聚居村"。他们是有如蚂蚁般的弱小强者,他们是鲜为人知的庞大群体。随着时间的推移,这个群体显然已经扩展到了90后,而众多已过而立之年,还依然委身于这种"聚居村"的80后蓦然回首发现,自己其实连蚂蚁都不如,更像是只无头苍蝇。因为蚂蚁是社会性动物,从小有大蚂蚁照顾,长大了就有工作分配,又能享受房子和食物的福利,同时还可以跟上一代蚂蚁住在一起,赡养"老人"。而无头苍蝇到处乱撞之后,还是低等动物一枚,依然在原地"垂死挣扎"。

实际上,不仅是蚁族,大多数"8090"都同样面临着这个问题。他们不断地尝试不同的方向却又不敢选择到底往哪一个方向努力,总是在原地打转,像只无头苍蝇。这种类似于无头苍蝇的选择困难问题,在医学上被称为"选择焦虑症",1973年由普林斯顿大学的哲学教授瓦尔特·考夫曼提出,也称作选择困难症。所谓选择恐惧症,是面对选择的时候会觉得异常艰难,无法正常作出满意的选择,在几个选择中必须作出决定的时候表现出恐慌、惊慌失措甚至汗流浃背，到最后还是无法选择而导致的对于选择所产生的某程度上的恐惧。选择恐惧症，在心理学上也称为选择困难症或选择障碍症，是一种不自信、缺乏自立意识、害怕失败、逃避责任的心理表现。

选择焦虑症被大众所了解是因为一部香港电影《天生购物狂》，剧中刘青云扮演的李简仁就是典型的选择焦虑症患者，每次要做决定的时候总是犹豫不决，手心冒汗，非常痛苦。哪怕是吃顿饭，都会把菜单从第一页翻到最后一页，还会把菜品的优缺点全部列出，点个菜从中午一直持续到傍晚都不算完。他练过很多种功夫，倘若是使出来，任何一门功夫都能战胜对手，可是对一名选择恐惧症患者来说，到底要用哪一门功夫，这是个非常严重的问题，用哪一门功夫他都觉得不够完美、不能解决问题，于是在选择的问题上大伤脑筋，甚至连对手都快等睡着了，他还不能决定究竟用什么功夫出手。

现实生活中，很多年轻的"8090"，在遇到问题时，总是习惯性地先问百度，在网上将问题的利弊全部了解透彻以后，再去进行选择，而在决定的时候又举棋不定，进而又求助于网友。在一些论坛和微博上，到处是"选择疑问式"的求助。要不要跟老板谈加薪？要不要跳槽？该不该接项目？甚至连生活中做菜先放盐还是先放油的琐事都有人在等待网友的指点。

"8090"之所以容易选择焦虑，跟他们的成长背景密切相关。20世纪80年代，虽然市场经济已经萌芽，但是中国社会仍保留着集体主义的痕迹，大多数中国人依然过着没有太多差别的生活：大家拿着差不多的工资（按照工龄和职称），住在差不多面积和造型的房子里（公家分配的），吃的东西也差不多（因为物流尚未发达，都是本地自产自销），穿的也差不多（只有为数不多的几种布料和款式），出门骑的自行车都差不多一样（男的骑28寸永久牌，女的骑24寸凤凰牌）……而那个年代出生的孩子们都是坐着父辈"28式"单车上学,狂吃干脆面收集"小浣熊"贴画,看《葫芦娃》《圣斗士》《七龙珠》直至《灌篮高手》的动画片;拉过蛔虫,吃过宝塔糖,背过"五讲四美",白天学赖宁、晚上偷打《魂斗罗》和《超级玛丽》……80后有着太多的共同的童年记忆,而这些共同性也就意味着没有选择性,于是他们不需要选择,也就不习惯选择。

而90后的童年经历的选择要多得多,彼时物质已经极大丰富,城市增加了各种新机会,住房条件逐步改善,全社会处在发展的共赢阶段。90年代城镇出生的孩子大多数是独生子女,衣食无忧,基本上没有受过什么苦,属于通常说的"蜜罐里长大的一代",大学毕业前,有父母做主,有老师指导,他们也不需要选择,也没有学会选择。

与80后经历的无差别生活相比,"8090"踏入社会的时代可以称作花花世界,吃喝玩乐、衣食住行的选择何止万千?品牌、颜色、造型、型号……无穷无尽,应有尽有。他们毕业以后,不再有国家为他们塑造人生,一切都需要进行主动的自我设计。工作要自己找,房子要自己买。他们可以选择从事任何职业,这个职业可以跟所学的专业相关也可以毫无关系,可以作为长期的事业也可以用来短期过渡或者积累;他们可以选择自己工作单位的性质,无论是国家机关、事业单位、国企还是民营企业、境外机构,也可以选择自己创业;他们可以选择生活的地点是中国还是外国,是北上广这样的大城市还是二三线城市,是县城还是农村……他们会意识到自己已经被各种选择包围,但是又常常无法选择,因为很多时候你在选择的同时也在被选择,而最后留给自己的选择其实并没有想象中的多,有时甚至没有选择。譬如就业,"北上广深"的人才需求量占到全国的32%,本土500强企业中的一半集中在这些一线城市,看上去机会很多,但是竞争也激烈,人才也多,不仅有本地众多名校的毕业生,也有各地优秀的大学毕业生慕名而来,也是众多海归的首选之地;同时,选择"北上广深"还得承受大城市高昂的房价、拥堵的交通、糟糕的空气质量以及难搞的户口……而二三线城市乃至县城、乡村,越小的地方越靠关系,机会少收入低,教育、医疗、文化资源与大城市的差距又不是一星半点,工作环境人际关系复杂……所以,无论作何选择都面临着风险。

对于不习惯选择的80后和不会选择的90后,过多的选择反倒成为他们的负担,倒不如曾经国家给大学毕业生和年轻人塑造的人生之路来得幸福。在此之前,大学生按照既定的路线,一毕业就可以得到一个干部的身份,然后到国家机关或者企事业单位从事脑力劳动,一步一步,凭着工龄资历来改善自己的住房条件和生活水平,到了年老可以顶着个科长处长或者高级工程师之类的头衔光荣退休,到回顾自己一生的时候也不会有什么遗憾,在心理上总是稳定踏实的。

而现在不少大学生,看上去是无所牵绊"海阔凭鱼跃"了,到处都是机会是舞台,随便一个翻滚都能激起美丽的浪花,得到喝彩。于是这里跳跳、那里蹦蹦,哪个公司哪个行业都试试,多年奋斗过后,自己的目标被不断地修正,从最初雄心勃勃地要成为一个富豪,到后来的要嫁(娶)富豪(富婆),逐渐演变成要生一个富豪……最后回过头来,感觉自己就是一只无头苍蝇,无论从哪个方向选择努力都难以赶上过去年代的那种稳定生活,没钱没房没地位,终日奔波劳碌,心力交瘁,自信心在一点点地消磨殆尽。

"毋庸置疑,选择提高了我们的生活质量,让我们可以控制自身的命运,并让我们在任何情况下,获取我们确实想要的东西。选择是自主的基本条件,而自主则是良好生活的基础。健康的人渴望也需要决定自己的生活方式。但另一方面,更多的选择并不意味着更好。过多的选择是有代价的。"美国斯沃斯莫尔学院的社会心理学和社会行为学教授巴里·施瓦茨告诉人们,选择是件好事并不等于更多的选择会更好。实际上恰恰相反,过多的选择致使各方面的考量也会增多,让选择承载的寄托过量,于是希望越大可能失望越大,自怨自艾心情压抑。对于需要决策的事情更是缩手缩脚止步不前了。长此以往就形成了所谓的选择性焦虑症。

所以尽管现在的选择越来越多,但是人们生活的满足感却在下降。社会赋予年轻人选择的权利之前并没有给予他们一个培育选择能力的环境,反而削弱了他们选择的资本和底气。大学扩招使得大学生"天之骄子"的光环扫地,大学毕业生如同蚂蚁一般密密麻麻数不胜数,于是选择就变得残忍,俯仰之间,世事变迁,踮起脚尖够不到天上的云彩,蹲下之时脚底的泥沙已被潮水吞噬。人生也就注定布满"杯具"。

巴里·施瓦茨说,无从选择,多即是少。

"过去,我们在物质和精神上都没有选择,一座城镇,一份工作,一直到老。现在,我们有了一些选择的自由,但选择依然很难。这不仅需要个人勇气,更需要一个伟大的时代让它变得容易。"

这是某网媒在 2010 年年终策划《选择》的结尾,也是我此刻想说的话。

第七章 / 80后够苦了,90后还更惨?

  一代人的标志是时尚;但历史的内容不仅是服装和行话。一个时代的人们不是担起属于他们时代的变革的重负,便是在它的压力之下死于荒野。

——哈罗德·罗森堡

本章主要观点导读

/ 1990 年出生的孩子把自己往 80 后身上扯,多少也有一种同命相连的亲切感和仰望"圣斗士"的崇敬感。

/ 从 2002 年第一批 80 后步入社会开始,权力的壁垒在逐步地筑高、夯实、加厚,越来越厚重、越来越密实,生存环境是急转直下,一年不如一年,留给后一年初入社会的年轻人 / / 的机会越来越少,环境越来越恶劣。

/ 在房子这个问题上,80 后晚一年出生的人总比早一年出生的觉悟要早,但是到了 85 后就几乎没什么机会了。

/ 大部分 90 后只能把买房当作理想去奋斗终生了。

/ 90 后的爱情观:容易上瘾,但只是身体的事情,与心无关。

/ 90 后对于爱情的态度看上去玩世不恭,实际上是不自信和对他人缺乏信任的表现,是爱低能的表现。

/ 90 后最是害怕云端里的东西,一切以此来对他们进行教育和批评的行为都是徒劳。

/ 早熟毕竟是扭曲而羸弱的,容易凋零。

公司新入职的员工里来了90后,我怀着好奇与他们交流。本以为他们如媒体和网络上说的那么自我意识膨胀、非主流,但从他们的穿着来看并无太多特别,就是普通年轻人的打扮。当我问他们是不是90后时,一个男孩略带腼腆认真地告诉我,他出生于1990年,和1989年出生的人没什么两样。他刻意回避了"90后"这一称呼。作为第一批打入其他年龄段的90后,他们这种谨慎和低调着实令我意外。

确实,一个1989年出生的人和1990年出生的人是很难看出其中的区别的。虽然媒体上一直有把1988年、1989年出生的叫作"泛90后"的说法,但奇怪的是,1989年生的人总会迫不及待地把自己划到80后的阵营中去,而把90后撇得老远。记得蒋方舟写过一篇文章《90后死于板结》,这位1989年10月底出生的天才少女就特意地强调了自己80后的身份,还用了较为夸张的描述将自己与90后划清界限:"我之前总是被前辈打量,等到90后长大到足以成为一个词时,我立刻用银簪在自己身后划了一条大河波浪宽,忙不迭地跳到河岸,站在双手环胸的那一排老朽里,对彼岸的90后表示出好奇、不解、不满,其中也有一些怵然的敬畏和深切的怜悯。"

可见如今的"90后"并不是一个什么好词,是被妖魔化的群体,人们往往只要能跟它撇清关系就会毫不犹豫地"挥剑斩断"。我很理解他们的做法,人天然地会选择向上看,而初入社会,不管是1989年出生也好,还是1990年出生的也罢,他们当然愿意与比他们早出道的80后为伍。而早期的90后第一次告别90后群体,要与90前的人相处,撕下"90后"的标签可以说对融入社会大有好处。同时,我也相信,这些成长于互联网普及期的孩子,已经深刻地看到了这样一个事实:权势构成的强大壁垒已经横亘在他们面前,阻挡住他们的人生梦想。80后是被这种强大壁垒阻碍的第一代人,他们把自己往80后身上扯,多少也有一种同命相连的亲切感和仰望"圣斗士"的崇敬感。

说与80后同命相连其实还是90后的乐观估计。90后的生存环境较之80后还要严峻得多。从2002年第一批80后步入社会开始,权力的壁垒在逐步地筑高、夯实、加厚,越来越厚重、越来越密实,生存环境是急转直下,一年不如一年,留给后一年初入社会的年轻人的机会越来越少,环境越来越恶劣。

我出生在1982年,记得我当年第一份工作是在一个省级报业集团中。那年入职的大学毕业生已经全部采用了聘用制,而这个报社前两年录用的大学毕业生(这当中多数是1980年出生人)还有事业编制。要知道在中国的事业单位里,有编制和没编制的在身份地位上有极大差距,有编制的是正经的"国家干部",没编制的只是为他们打工的"临时工",这种等级落差在心理是很难承受的。好在我们当时还属于报社聘用,工资和福利待遇看上去与正式编制的差不多;这家报社又是该省的行业老大,效益好,除了身份上有些心理不平衡外,金钱上的弥补基本上可以给受伤的心灵些许安慰了。但是再比我晚一年进这家报社的毕业生,已经被分成了三六九等,只有少部分是报社聘用,大部分已经变成了部门聘用,别说身份,就是工资福利的差别也不是一星半点了。后来,我离开了这家报社,据说现在有的部门早已采用了竞聘上岗制,编辑记者竞聘不上的就得出去跑业务,所谓跑业务就是拉广告,完不成任务的就只能领几百元的工资。

这就是90后职场竞争惨烈场景的一个缩影。

房子是现在年轻人绕不过的话题。但在80年代最初几年出生的人刚毕业的时候,这个问题很少被他们考虑,似乎那是一个遥不可及的话题,跟自己八竿子打不着。一方面还寄希望于单位哪天大发善心给大家分福利房,毕竟他们是被80年代集体主义的营养水泡大的,还保留相信组织的天真——虽然1998年房改明令禁止福利分房,但是在2006年之前确实还有很多单位换了名头给员工发放这样的福利。当初我毕业的时候,就有老员工不断向我们透露关于报社分房的各种信息,比如报社在哪儿建房子,新房给老员工,新员工可以分得旧房。又比如报社在哪儿又买了一块地,将来要建别墅,每人半亩只要5万元……总之流言漫天飞,底层的你永远辨不清真假,但又总会心存侥幸。另一方面,火爆的房地产市场还未形成,房价并不像今天这样表现得日新月异突飞猛进,贷款买房这种方式也还没被大多数中国人接受。80后总是想着哪天攒够了钱再买房,注意,当时想的攒够钱指的是房屋的全款而不是首付,他们觉得给银行利息是一件很吃亏的事情,自己一身债务也非常可怕。所以,那个时候在初入社会的人心中,买房是很多年以后的事情,等到他们反应过来却已经为时晚矣。我2004年毕业,我们报社对面就有一个刚开的楼盘,如果把那个城市地图画上两条对角线,这个对角线的交汇处就是我们报社对面的公园,就是这样一个紧挨着全市数一数二公园的省会城市正中心位置的楼盘,一平方米只要2000多元。彼时的北京房价均价也就4000多元,很多人的月工资都超过了一平方米的房价。一个大学毕业生工作一两年以后是可以很轻松地付一套房子的首付的。只要抓住机会,房子不是问题。

在房子这个问题上,80后中晚一年出生的人总比早一年出生的觉悟要早,但是到了85后就几乎没什么机会了。他们毕业的时候房价已经飞涨,而毕业生的工资并没有因此提高,反而因为金融危机等因素的影响,有的行业甚至出现了下降,工资与每平米房价的差值越来越大。现在的90后的购房意识应该说比之前的任何年龄段的人都要觉悟得早,他们还在上中学甚至更小的时候就已经感受到了中国房价的飞速增长,就业后买房的意识早已灌输到他们的大脑,于是大部分90后的人生理想和目标变得非常的具体和务实——买房,但是很多人只能把它当作理想去奋斗终生了。蒋方舟特别看不上现在90后的现实,认为理想应该是云端里东西,不是用来实现的,比如"天堂是一座图书馆",而不是幻想"天堂是一套商品房"。但是,现在房子不是早已经被送到云端里去了吗?它与天堂一样远离普通大学毕业生的真实生活,变得虚无缥缈,很多人也就想想而已。

其实,对于90后而言,被送上云端的不止给他们遮风避雨的房子,还有曾被称作心灵的港湾的爱情。搜索跟90后爱情沾边的报道,正面的声音很小,反倒是非主流"自拍门"、"援交门"……全是爆炸性挑战道德底线的丑闻,他们把性当作游戏和赚取零花钱的手段,而爱却难觅踪影。90后作家桃木棉有一本书叫作《90后爱情:抽烟,伤肺不伤心》,光从标题就很明白地表达出90后的爱情观:容易上瘾,但只是身体的事情,与心无关。

90后对于爱情的态度看上去玩世不恭,实际上是爱低能的表现。他们这一代人较之80后,独生子女普及率更高,又成长于中国社会经济迅猛发展、社会问题频出的时期,从小就受到了强大的自我保护教育,比如"不要和陌生人说话"、"爸爸妈妈不在家不能开门"、"别人给的东西不能吃"……于是他们除了父母以外,对社会和他人缺乏起码的信任,变得冷漠,很难与他人发生利益交换之外的关系,并很难确定自己有能力把一种关系长期保持下去。倒不如先解决眼前的身体和精神享受实际,至于像抽烟一样伤身上瘾谁在乎呢,只要不伤心就好。

"爱是一种信仰",这是60后歌手张信哲对爱的诠释。从这个角度来说,90后的爱低能又反映出了他们的信仰缺失。什么是信仰?只有当信任变得极端化,才会形成信仰。一个对自己都不相信的人,还能指望他去极端信任什么呢?90后出生的年代,早期下海的那拨人中已经出现了许多腰缠万贯的成功人士，社会价值观也随之改变，理想主义被物质主义打败。金钱至上的价值取向的种子自他们出生就已经种下。

90后最害怕云端里的东西，一切以此来对他们进行教育和批评的行为都是徒劳。不要说他们功利、现实、目光短浅，因为社会强势壁垒在迅速地板结，留给他们发展的缝隙已经越来越少，越来越小，他们只能尽可能地去寻找眼前可突破的缝隙，竭尽全力地钻进去才有希望，否则根本没有未来可言。

这种紧迫的形势如同催熟剂一般，逼迫他们早熟，更早地跳入社会的大染缸里。部分女生中学尚未毕业就开始外出援交给自己挣零花钱或者补贴家用，漂亮一点的认个干爹；当然利用"青春"迅速致富也不是女生的专利，有的男生也一样到处求包养。他们还想尽一切办法迅速成名，另类、怪异、反叛和非主流，可谓无所不用其极。他们希望自己的出位能够打破凝固和静态，让改变发生。当然，这都是个别现象。

然而，早熟毕竟是扭曲而羸弱的，容易凋零。

PART 2

第二部分

从安身立命到安心立命

杨帆(中国内地)

最早的一拨80后进入而立之年之后，"8090"源源不断地跨入了而立的门槛。这个后续部队，从头望不到尾。

所谓的"而立"，在中国的传统中，讲究的是成家立业，注重的是安身的层面。只是，当安全感被急速地偷走，想立业，却两手空空，更是无爹可拼；想成家，却一不留神，就被打上了"剩"的标签，只好"相亲才会赢"，但往往却是"非诚即惹"。

那么，我们还能立得起来么？

答案是，能！

"而立"绝对不是有车有房，或是再加两个小情人。这种而立极其肤浅。真正的而立，是经过了艰辛世事的打磨，经过了你对自身目标的确认、对内心真实的坚守。是在人云亦云中，能发出自己的声音，在随波逐流里，能拥有自己的方向。这才是而立。我们需要做到这样的而立，也应该能做到这样的而立。

两手空空不是我们的耻辱。

心中空空才是我们的悲哀。

在这个急速变迁的时代，我们需要让自己的心安定下来。

安心,绝对要比安身更值得我们去努力。尤其是当安身变得殊为不易,安心就显得尤其重要。心静自然凉,心定方才闲庭信步,安然如山。

事实上,这才是真正的独活。

只是这要安的心,不仅仅是你的耐心、爱心、信心,还有责任心、良心,更重要的还有,在这个浮躁的时代里,保持理性以及公共精神……这些都是安心的重要砝码,注定了你人生的深度和精神的厚度。

身无所归,却心有所安。

社会偷走我们再多的安全感,我们也能够对抗。

第八章 / 用公共精神来为"8090"打一场翻身仗

  整个世界处于一个前所未有的局面之中,青少年和所有比他们年长的人——隔着一条深沟在互相望着。

——玛格丽特·米德 《代沟》

本章主要观点导读

/ 不只是中国人缺乏公共精神,缺乏公共精神的也不止一代人。

/ 我们能不能后退一步,审视一下自己,问一句:难道这就是我需要的一切?

/ 恰恰拥有父辈看来的"坏毛病"特质,"8090"才能崛起。

/ "8090"更注重"个人",注重自己的感受,关心自己的生活。这一点非常重要,"8090"的一切表现都从这里展开,公共精神也由此进一步生发。

/ 对待"8090"容忍比自由更重要。

/ 温和的质疑方式,因为不再咄咄逼人,不再裹挟着敌意,一方面可以使政府更易接受,建立起有效和可靠的互信,而不是互推责任的躲避;另一方面则可以唤起更多的公共精神,让更多人的公民意识得到培育与成长。

/ 你想要怎样的世界,就先改变怎样的自己。

80 后被冤枉了十多年。1993 年,一篇名为《夏令营中的较量》的文章在社会上掀起轩然大波,中国孩子也因此被贴上了一个沉重的标签——"被溺爱的一代"。娇生惯养、自私懒惰、缺乏公共精神成了他们的代名词。

公知口中的"公共精神"究竟是什么?老实讲作为一个 80 后,似乎从来没有人告诉过我们这个看上去一本正经特别学术的词语到底是什么意思。真冤呀!就连想甩掉这个标签都不知道该把这股子劲使到什么地方。

当然,我也曾很认真地去查询过"公共精神"的意思,简单说,它可以理解为社会成员在公共生活中对人们共同生活及其行为的准则、规范的主观认可,并体现于客观行动上的遵守、执行。通俗地理解,这就是"我为人人,人人为我"的理论升华版。

可是缺乏这种精神的仅是 80 后这一代人吗?

鲁迅先生说:"龙门的石佛大半肢体不全。图书馆中的书籍,插图须谨防撕去。凡公物或无主的东西,倘难于移动,能够完全的即不很多。"19 世纪,美国传教士明恩溥通过在中国二十多年的观察,也发现了相似的现象。他说:"中国人不仅对属于'公众'的东西不感兴趣,而且防范不严,(后者)便唾手可得,很容易成为偷窃的目标。铺路的石头搬回家去了,城墙上的砖也一块一块地不见了。"林语堂说得更直白:"中国是一个个人主义的民族,他们心系各自的家庭,而不知有社会。此种只顾效忠家族的心理实即为扩大的自私心理。"明恩溥在《中国人的素质》中举了一个例子。1851 年,道光皇帝死了,外国人很关心道光的三个儿子中由谁来继承皇位,继位后政策会有什么变化。在小酒馆里,几个外国人试图同酒馆里的中国人讨论这个问题。但中国人说,干吗去费精神作那些无聊的推测呢?那是大臣们的事。咱们瞎琢磨政治，那才叫傻呢。

其实不止一个人认为中国人缺乏公共精神，缺乏公共精神的也不止一代人。文化也好，精神也好，你无法抛却自有的传承性。"5060"在国家强权的阴影下生活，国家代替了他们思考，他们被纳入一切行动听指挥的框架里，所以不需要有什么公共精神，只需要服从。而70后则是在政治运动的废墟上成长起来的，当国家的宏大叙事破灭之后，他们矫枉过正，走向了私我的叙事，公共精神不足。而父辈们一边感叹80后自私、缺少公共关怀，一边又把80后圈在自己惯有的"事不关己高高挂起"的思维中。

要数落的可不仅仅是80后，也不仅仅是中国人。美国马萨诸塞州沃尔瑟姆市布兰代斯大学社会学教授莫里老人的总结似乎说明了这个共同的问题：人类的文化和教育造成了一种错误的惯性，一代一代误导下去。余秋雨曾说："我们的文化不鼓励人们思考真正的大问题，而是吸引人们关注一大堆实利琐事。上学考试就业升迁赚钱结婚贷款抵押买车买房装修……层层叠叠，一切都是为了活下去，而且总是企图按照世俗的标准活得像样一些。大家似乎已经很不习惯在这样的思维惯性中后退一步，审视一下自己，问一句：难道这就是我需要的一切？"由于文化不鼓励这种后退一步的发问，因此每个人的需要变成了想要，想要的内容则来自于左顾右盼后与别人的盲目比赛。钱越多越好，拥有越多越好。"越多越好"这四个字我们反复对别人说，别人也反复对我们这么说，一遍又一遍，直到人人都以为这是真理。在这种文化熏陶下成长起来的一代又一代人，缺乏公共精神毫不奇怪。

不同的是，"8090"天生有着公共精神的土壤，只是在等待引导并觉醒的机会。"8090"成长、成熟之时正赶上了中国变化最快的时代。每天的变化，像一列极速飞驰的列车，不由分说地把"8090"推送到一站又一站。虽然同样久居相同环境之中，但跟父辈相比，"8090"天生带有对上一辈的反叛精神,这让"8090"具备了公共精神复生的条件。

比如说,城乡环境的急剧变迁,让"8090"成为有史以来乡土观念最淡薄的一代中国人;又比如说,在计划生育大棒下,"8090"变成了共和国的独生,整整几亿人,都是以独生子女为主,这是中国历史上破天荒的事情。当大多数年轻人成为独生子女时,一种全新的人际交往规范就产生了。

传统中国讲究长幼秩序,长者须对幼者加以爱护,幼者则须对长者表示恭敬。但是,这一长幼契约被"8090"打破了——在美国乔治·梅森大学公共政策管理学院任职的田方萌就指出——在"8090"看来,所有人都是平等的个体,年长并不构成尊敬的前提条件。对于比他们年纪大的人,"8090"既不会施以敬意,也不指望从他们那里得到什么。这种强烈的个体意识常常被父辈们视为唯我独尊,自我表现欲望强。一位西方记者称之为中国的"自我一代"(Me Generation),他们的人际交往建立在基于自我利益的理性考量之上,而非熟人社会的礼节习俗。在独子时代,家族不再承担保护个体的功能,个体也从家族的笼罩下解脱了出来。

虽然让父辈感到不爽,但不得不承认的是,恰恰因为拥有父辈看来的"坏毛病"特质,"8090"才能崛起。

因为成长环境相对孤独,自我表现欲望又很强烈,"8090"比前几代有着更强烈的动力进入公共空间。《人民论坛》在一份针对"8090"的问卷中问到这样一个问题:"你的人生价值观是什么?"其中,选择"为了实现自己的理想而活着"和"为国家与民族崛起而努力"两项的最多,前者占 35.75%(921 票),后者占 32.18%(829 票)。根据调查结果,问卷总结道:"他们的父兄们懂得集体表达,'8090'则学会了个体表达。他们构成了中国网民的主体,有着足够的时间和空间实现自我表达。"没错,这一代人更注重"个人",注重自己的感受,关心自己的生活。这一点非常重要,"8090"的一切表现都从这里展开,公共精神也由此进一步生发。

以青岛姑娘潘琦来说,突然关心起公共生活,并向代表权威的有关部门发出声音,出发点其实很简单,她和她的朋友圈,一群80后,发现决策者正在用没什么意义的树占领他们所喜爱的草坪,于是他们携手行动起来。

这就是公共精神的内涵。也许他们并不会"位卑未敢忘忧国",家国天下这样宏大的命题绝对不会出现在他们的微博、手机短信和饭桌的话题上,但他们"护群"和"护短"的特点,决定了一旦他们周围的小环境被恶意损害,产生不良变化,他们就有动力和勇气,去维护自身的利益,并在不知不觉中,参与到公共生活中甚至成为抗争的主力。看上去,他们争的是自己的自由,是利己。事实上,按照胡适的说法就是,"争个人的自由,便是为国家争自由。争自己的人格,便是为国家争人格。自由平等的国家不是一群奴才建造得起来的"。

除了潘琦和她的朋友,《南方周末》也开始关注那些在热点事件中的年轻建言者。"在2012年的秋天,诸多公众事件中均出现这样一群'较真'的年轻人身影,如哈尔滨断桥事件里的上海大学生雷闯,致信铁道部的甘肃大学生黄焕婷,他们均希望政府部门公开相关信息。"当然,这里面也少不了1992年出生在河北邯郸农村,还在三峡大学行政管理专业读大二的学生,刘艳峰。他曾在2012的9月1日,给陕西省有关部门发函,要求公开该省安监局局长杨达才的工资收入。该局长就是大名鼎鼎的"表叔"。在《南方周末》看来,这些年轻人大多出生于20世纪90年代,他们特点鲜明,个性独特,成长足迹与中国市场经济的历程同步,具有更广阔的视野和更强的自主意识,以及更高涨的公共事务参与热情。"刘艳峰们"正在传递一个信息:中国年轻一代的问政意识正在崛起,他们以更积极的姿态主动参与到社会建设中来。

那么,又该如何解释这些当年所谓的"垮掉的一代"突然就成了"靠谱的一代"? "8090"公共精神的崛起源自一个非典型时机:2008年。

国家的灾难性记忆，80后都是从历史课本和影像资料中获知的，从大跃进到三年自然灾害，从十年"文革"到唐山大地震，上一代的集体苦痛，"8090"没有直接的感知。2008年汶川地震给"8090"上了一堂灾难教育课，他们从未如此集中面对这么多的灾难和现实。在国难的悲剧性力量中，"8090"像被放进沸水中的脏瓶子，那些负面的标签——浮躁、叛逆、冷漠被一一泡软撕掉洗刷干净，道义感、社会责任感和凝聚力被晶莹的瓶身折射了出来。《新周刊》评价道："在国家最需要的时候，他们可以很快进入状态。这也充分说明，将切·格瓦拉作为消费符号只是他们的次优选择，一旦需要，他们很快会显露出革命的浪漫主义。"有评论认为，中华民族的传统价值观念在"8090"身上复活了。更有"5060"的人在反省，曾经被视为"贬义"的东西，是否是上一代人所不具有的个体价值的觉醒？究竟是"8090"身上沉睡的人文精神在灾难来临时觉醒了，还是大地震使更多的人从对他们的成见中觉醒？2008年作为"8090"的一次预演，虽不华丽且略显仓促，但"8090"终于在这一年的悲喜交加中，迅速找到了自己的坐标，完成了集体蜕变。现在他们开始站在历史舞台的中央，他们对历史的推动作用将逐渐显现。

对这一公共精神，以及如何表达这种公共精神，还将在后文详细叙及。总之，从汶川地震开始，到北京奥运会、上海世博会、广州亚运会……经过这些抗灾救灾以及重大活动的历练，过去的十年成为中国公益事业发展最为迅猛的时期。与此同时，新一代青年也有了实现自我价值的广阔平台。越来越多的普通人通过公益事业成长为公民，继而进入公共事务领域，成为推动社会建设的参与者。

只是，面对这些"较真"的年轻人，社会或者说体制，又该选择什么样的姿态？拒绝，欢迎，还是很不适应？

胡适追求"宁鸣而死不默而生"，但他也发表过这样一篇文章，叫《容忍与自由》,这篇文章原来的标题是《政治家的风度》,后几经斟酌才定此名。可以看出来,这篇文章是为专制、落后的国民党政府而写的,主旨是"容忍比自由更重要","容忍是一切自由的根本","没有容忍,就没有自由"。"在宗教自由史上,在思想自由史上,在政治自由史上,我们都可以看见容忍的态度是最难得、最稀有的态度。人类的习惯总是喜同而恶异的,总不喜欢和自己不同的信仰、思想、行为。这就是不容忍的根源。不容忍只是不能容忍和我自己不同的新思想和新信仰。"

这就需要我们的社会或体制,也要有大胸怀,不要动不动就将他们的热情扑灭,甚至将他们当成恨不得一棒子打死的刁民。有人这样说:"我觉得一些所谓的刁民,包括那种一遇到拆迁,就特别爱讨价还价的人……他们在面对公权力的时候,那种显示出来的毫不退让,甚至是有点得寸进尺的作为,至少在中国当前的背景下,打破了政府和民众之间的那种讨价还价的边界。我们这些不太较真的人,这些普通的人,在很大意义上是在搭他们的便车——搭他们开拓的这种民间的私人的权利的空间。"

《南方周末》在报道这些年轻人时,用的是这样的大标题——"勇气来自宽容"。可以这样说,是社会对年轻一代正变得越来越宽容,才让"刘艳峰们"添加了勇气。在给陕西省有关部门发函,要求公开该省安监局局长杨达才的工资收入后,刘艳峰发现并没有人找他麻烦,相反他还得到了理解和支持,而学校也对他的担当精神和社会责任感进行了充分的肯定。

这种局面,自然让人有所欣慰。

当然,跟"5060"所习惯的戏谑、臭骂控诉、审判相比,几乎而立之年的80后,以及渐渐进入社会话语主流的90后,更懂得如何发声。这也让他们在"较真"之时,多了理性,少了对抗的剑拔弩张。这也是"8090"的建言更讨巧讨喜的原因之一。

2012年5月,广州高中生陈逸华在地铁站举牌,收集市民签名,呼吁市民阻止地铁翻新计划,被网民称为"举牌哥"。结果在媒体的关注下,地铁公司被迫回应公众质疑,并最终作出让步,表示会本着节约原则翻修,未开工的车站没有坏的地方不会改动。与此同时,广州还有一位"光头哥",他以网名"brainisbrighter"发布博文《征集广州市民剪光头照亮广州,拦下1.5亿光亮工程》,希望以"一种轻松有趣的方式"表达意愿。

同样是表达质疑和反对,青岛姑娘潘琦的方式,也让人眼前一亮。表达意见之初,她总会先查阅有关资料,确认过程和权利的合法与合理性,即使被政府踢皮球、问题得不到进展,她也不忘说"好的,谢谢",自始至终都表现出一种温和、平等的态度。《法制日报》在题为《质疑也是公民的一种能力训练》的文章中这样评价:"这样的质疑方式,因为不再咄咄逼人,不再裹挟着敌意,一方面可以使政府更易接受,建立起有效和可靠的互信,而不是互推责任的躲避;另一方面则可以唤起更多的公共精神,让更多人的公民意识得到培育与成长。正如在潘琦之后,更多的青岛年轻人行动起来,拍照调查,详细核实。"温和质疑,有态度才有力量。"你想要怎样的世界,就先改变怎样的自己,"这是另一个温和质疑者王赫在微博上写下的话,"改变自己,便是行使自己的权利。有这样的态度、有切实的行动,才会让公民社会的成长不再那么艰难逶迤,不再让公民精神深度睡眠,难以醒来。而温和地质疑,则是行使自己权利的最好选择。因为温和,质疑不再是愤怒的宣泄;因为温和,质疑就会成为规则下的诉求,而不是可怕的构陷。少了些猜忌和冷漠,求同存异便有了基础。"

梁济去世前问儿子梁漱溟:"这个世界会好吗?"

公共精神,便是答案之所寄。

第九章 / 再启蒙,做现代意义上的"国民"

未经审思过的生活是不值得过的。

———苏格拉底

本章主要观点导读

/ 在这个"风险文化"成为主导文化的时代,由计算风险而养成的算计习惯,把一大批人变成了患有深度强迫症的机会主义者和功利主义者。

/ 焦虑的原因在于,我们听信了那些相同却又难以一蹴而就的成功准则,看不到别样的生活可能。

/ 当今,富饶的贫困依然存在,尤其是精神上的贫困。随大流、盲从、人云亦云,成了社会常态。中国最缺乏的是理性思维,是独立思考精神。

/ 面对无孔不入的文化灌输,唯一躲开的方法是不要相信现有文化,建立自己的文化。

/ 在梁启超那里,启蒙的任务就是要将品性上有根本欠缺的"国人",改造成现代意义上的"国民"。

/ 所谓的启蒙是一种出走,是一种引领人们看到有别样生活的可能性,这个可能性也许是不对的,但至少让你知道生活中其实是有别的可能性的。

/ 所谓的追求时尚,也是一种企图把自己埋没在一个群体当中来获得一种安全感的方式。

什么是最完美的一天？

一位临终的老人是这么跟自己的学生描述的：

> 早晨起床晨练，吃一顿有甜面包圈和茶的可口早餐，然后去游泳，请朋友们共进午餐，聊聊家庭。然后去公园散步，看看自然的色彩，尽情享受久违的自然。晚上去享受上好的面食，剩下的时间用来跳跳舞，回家睡一个好觉。

他叫莫里·施瓦茨，社会学教授，上了年纪后患了绝症。学生匆匆赶来看望他，而他则宣布要给这位学生上最后一门课，每周一次，时间是星期二。这门课持续了 14 个星期，老师辞世后，学生把听课笔记整理出版成一本书——《相约星期二》，造成全美国的轰动。

在莫里老人眼里，大家都像马拉松比赛一样，跑得气喘吁吁，劳累和压力远远超过了需要，也超过了享受本身。他认为那是美国教育文化的弊病，而我想，在这一点上，我们更应该心有戚戚。

因为当下，几乎没人感觉自己活得舒服。

"人们处于饥饿状态，他们持续紧张着，不管拥有什么都嫌不够。"宗萨钦哲仁波切说。这是一个"天下皆贼"的时代。钱、机会、幸福感，什么都偷；爱、睡眠、创造力，什么都丢，直到两手空空，最后连脑子都空了。于是帮我们充电的书越来越多，《21 天搞定电影剧本》、《7 个销售咒语，搞定百万大单》，快速养生、快速致富、快速揣摩老板心意上位、快速掌握女人心理……我们就像边充电边通话的手机，越来越燥热，却无法止步。一步到位、名利双收、嫁入豪门、一夜暴富、35 岁退休……提速后的人生观让我们铆着劲意淫，然后化成无数不耐烦。就像社会学家吉登斯说的那样，在这个"风险文化"成为主导文化的时代，由计算风险而养成的算计习惯，把人变成了患有深度强迫症的机会主义者和功利主义者。我们最爱"快进"，评论，要沙发。寄信，要特快专递。做事，最好是名利双收。结婚，最好有现房现车。大多数人在追求快乐时急得上气不接下气，以至于和快乐擦肩而过。烦躁症来自于担心，担心如果这个机会不抓住，你就被社会抛离了；担心如果你现在乖乖排队，那么就一定会有人插你的位。闹心的是，这种担心并非杞人忧天，而是来自于一次又一次的所见所闻甚至亲身经历：他是银行的VIP，拿号这个词已经从他的字典里排除了，我们目送他直接走向柜台，办完业务后扫一眼还在铁椅子上等待的可怜虫；他不用排一上午挂一个号，因为认识院长、主治医生或者行政人员，他可以直接走到专家诊断室里。春运排通宵队买火车票？开玩笑，他订的是机票，全价，就算是黄牛，他认识的也比我们高级。所以我们急躁，我们不顾规则——实际上也没有什么规则；我们推着购物车在几条长龙之间踯躅，无论排队还是不排队都是两难。我们急不可耐，又因欲求未满而不得不耐心等待，焦躁不安让我们快速地消耗着自己的良心甚至尊严。于是我们追不到的女生成了"神"，于是我们一边鄙视拼爹，一边在角落里竖起个牌子悄悄写上"求包养"。

焦虑的原因在于，我们听信了那些相同却又难以一蹴而就的成功准则，看不到别样的生活可能。如果渔人、猎手都以庄稼丰收为幸福标准，他们的烦恼和失落可想而知。杰克·伦敦在小说《热爱生命》里，写了一个迷途者的故事。一个不幸的旅人在荒野上迷失了方向，但他最终不但干掉了一直尾随他想把他当食物的老狼，还成功获救回到了人群中。但这远不是一个励志或者探险故事，讽刺的是，即使回到了人类社会，旅人却仍然保持着荒野上的习性，他拼命吃掉所有见到的食物，最终成了胖子，还偷偷把面包塞满每一个角落……也许，人的生存能力其实很强，但有时候我们竭尽全力得到的，或许只是一堆干瘪的面包而已。饿怕了的人常常养成饥饿思维，抓住一块面包便不肯松手，即使已经吃饱，还是忍不住囤积，甚至努力把"亲身经历"告诉身边的人，于是"拥有面包"又成了不少人的真理和奋斗目标。

看故事的人当这是个笑话，撇撇嘴，然后打卡上班，在目光扫到电脑桌面的风景时，低声嘀咕："我要成功。"

谁洗了我们的脑？

"现在的世界让我们缺少与众不同的运气。"宗萨钦哲仁波切曾言。让·鲍德里亚在《拟像与仿真》中提到："现代变革把我们生活的世界变成了'真实的荒漠'。借影视和网络，文化产品得以被大批复制，所有人都迅速接受同样的信息。包括对真和假，好和坏的人为构建的判断。"所有人都被灌输了同样的关键词：名牌、潮流、嗜好、俱乐部、高帅富……

白南风曾给《SOHO小报》写道，25年过去了，富饶的贫困依然存在，尤其是精神上的贫困。随大流、盲从、人云亦云，成了社会常态。中国最缺乏的是理性思维，是独立思考精神。电视很难关掉，网络更加密布，被各种信息轮番轰炸着，上一次的独立思考是什么时候？

在生态上，我们以追求幸福的名义，以一种高速度的办法在自杀；心理上，我们以成熟的借口，强烈地与自己疏离。类似慈爱、宽容、理性等价值，几乎是被拿来嘲讽用的——我们跟着媒体，管杀人嫌犯叫"爆头哥"，我们跟着微博上那些大V，骂倒或溢美同一个人。

这种文化灌输几乎无孔不入，唯一躲开的办法是不要相信现有文化，为建立自己的文化而努力。仁者不忧，智者不惑。如果连这句都想不起来，那就别忙着赶路了，因为我们的灵魂早就跟不上了。

别去听成功人士的演讲了，他解决不了我们的问题：为复制成功从大兴跑到海淀倾听,但跟时代牢牢绑定的成功不可复制——无论是白手兴家还是一夜成名的经验,对你来说都属于偶遇,时不再来。俞敏洪发明新东方精神,把英语变成成功学,把留学变为人生拐点,但海归回国遭遇的却是低薪与失业;李阳告诉你疯狂与自信是改变人生的力量,但朝他下跪的年轻人,如何能担当起"自信"两个字;刘墉教你如何靠平常心成功,但身处欲望社会,最找不着的就是平常心;星云法师说"放下",但好容易拿起来的放下就归了别人,无论是在公司还是在品牌打折专场。

梁文道曾坦诚:"我觉得每一代都有自己的功课。我很难直接把自己的经验——觉得完全没有错误、没有问题的——交给下一代。为什么?我们那一代人小时候都没有电脑,没有互联网,整个世界跟现在很不一样,所以我真没什么有价值、没有异议的经验可以给他们。我能够给他们的是一个中年人会有的想法,希望那些想法对他们有点刺激,但是你千万不要以为这些东西就必然是对的。"

莫里老人给学生上课时也说,对于真正的大问题,例如物质追逐,确立对社会的责任和对他人的关爱等,必须自己拿主意,自己作判断,别让任何能言善辩的旁人和从者如云的诱惑,来代替自己的选择,最后落入"他人的闹剧"。

所以,我们需要再启蒙。

在梁启超那里,启蒙的任务就是要将品性上有根本欠缺的"国人",改造成现代意义上的"国民"。在《中国积弱溯源论》中,他批评说,奴性、愚昧、虚伪、为我、怯懦等已造成了中国人的人格缺欠,国人的这种集体性缺欠是国家贫弱的根本原因。而在《呵斥旁观者》中,他又痛斥国人的冷漠,把"旁观者"细分为混沌派、为我派、呜呼派、暴弃派、待时派等,表示其共同点是"无血性"、"放弃责任",世上最可憎可鄙的就是"旁观者"。

时至今日,梁启超所批评的,依旧还在这个世界上有待批评。而他所努力的启蒙,也在很长时间内,被救亡压倒。当民主成了"德先生",科学成了"赛先生",并在古老的帝国活了90多岁,启蒙却成了中途停止生长的婴儿。当然,这个世界也有不少人正激情勃发地充当起了启蒙者,但最终他们不是好为人师,就是变成了李阳式的成功人士。

所以,我们要的启蒙,并不是说把你认为自己所掌握的真理——好像你觉得自己掌握的就是真理——灌输给别人。在《民主不是万能的》里,刘瑜说:"所谓的启蒙是一种出走,就是一种引领人们看到有别样生活的可能性,这个可能性也许是不对的,但至少让你知道生活中其实是有别的可能性的。"

这就要求我们每个人不屈服权威。许倬云当年赴美求学时,发现美国的学生都喜欢问问题。他的一位印度朋友,一次被学生问得无言以对,情急之中,说:"我是印度人,印度事我当然比你们知道得多。"此言一出,举座哗然。有学生就站起来说:"老师,我们佩服你的勇气。但请你注意,我们只接受理论和证据,不接受任何人的权威判断。"许倬云也是由此悟出,不屈服权威正是美国文化的精髓所在。

与此同时,我们也要拒绝紧跟庸常的流行。

刘瑜便提醒当下的年轻人,要警惕时尚的陷阱。"所谓的追求时尚,也是一种企图把自己埋没在一个群体当中来获得一种安全感的方式。当然,除了追逐这种表面上的时尚,买什么衣服,买什么车,买什么牌子的电脑或者什么的,我觉得在思维上大家也容易陷入这种追求时尚的陷阱。比如说现在韩寒最热,追韩寒就是最潮的,如果换成现在郭敬明最热,追郭敬明又成最潮的。我觉得这种人就算他观念跟我一样,我也觉得不是一件好事。当一种思维的时尚潮流到来的时候,急于跳到这个潮流当中,然后在这个潮流当中相互取暖,我觉得都不是什么好现象。"

按照我的理解,所谓的追求时尚,其实是主动放弃独立思考的能力和权利,以及放弃发现生活可能性的意愿。

4万元,10个月,18个国家。谢谢和菜菜辞职背包环游的故事曾在微博上疯传着。没钱,他们睡机场睡车站,破屋"虽不见老鼠,时而见蟑螂",语言不通,两个英语盲愣是用笔画了一个月。"环游世界,勇气比钱更重要","30岁了,再不出去走走以后会越来越没勇气"。但在谢谢和菜菜的帖子下面,网友的评论惊人一致,除了赞叹之外,唏嘘如"可惜我们过了这个年纪",吐槽如"旅游快一年才花四万是天天睡桥洞喝风吗?真要那么省就别出门了好嘛",几页之后,才有一个显得微弱的声音:"有一天我也会去的。"

另一个励志故事的主人公叫依玛,一个在长滩岛的流浪者。她来自一个普通家庭,一直靠自己的努力实现各种阶段性目标——考上重点高中,从南方到北方读大学,毕业进入大公司。她走着一条标准的白领历程,一眼望得到头的是前途,数眼望不到头的是压力、人事斗争和健康问题。她在长滩岛迈出流浪生活的第一步,虽然以失败告终。回到北京后,她仍对那海那岛念念不忘。终于有另一次机缘,她再次来到小岛。这一次,她下定决心要留下来。这个不爱冒险、运动尝试也基本为零的女孩,竟然放弃了开首饰店的初衷,考取了潜水教练资格证,成为一名深潜教练!

阳光,海浪,沙滩,还有一位老船长……这个唱响在无数人耳边心中的情景,成了依玛的生活写照。

"人生充满了机会。"面对媒体时依玛说,"当你走了第一步以后,新的机会就会出现在你的面前。只要抓住它,就能继续走下去。"

谁说这样的年轻人,不是中国所需要的现代意义上的"国民"?

第十章 / 重拾信仰,年轻一代的"自我完善"

信仰是个鸟儿,黎明还是黝黑时,就触着曙光而讴歌了。

——泰戈尔

本章主要观点导读

/ 年轻一代的身份意识已经在维权时代觉醒,不愿再抗拒城市生活的诱惑。我怀疑新民工将在不久的将来发起一场争取城市身份的民权运动,他们中间也许将产生马丁·路德·金式的政治领袖。

/ 中国未来是否可以真正崛起,取决于年轻一代是否有足够的韧性、足够广阔的全球意识,创造以世界意识、自信心、自尊心为内容的新民族意识。

/ 与莫言差不多同时代的作家,对诺奖是心存追逐的,犹如当年张艺谋对奥斯卡的渴望。不过,到了"8090"这里,他们对欧风美雨已经不再顶礼膜拜。

/ 在如此快节奏的生活和城市里,在无数的诱惑和欲望面前,要学会笨一点,慢一点,"二"一点,傻一点。

信仰听上去似乎是老生常谈，让人心烦。然而，为什么我们害怕孤独，害怕未知，害怕死亡，说到底，还是我们缺乏信仰。

所以，在今天，就连华东师范大学这样的高校，都会为信仰举办一场论坛，谈当代中国的信仰理解与信仰包容。

在论坛上，知名的博士生导师卓新平教授认为："社会道德如果没有信仰的支撑就会成为无源之水、无本之木。信仰可以为道德的持续发展提供源源不断的动力。当然，对道德的高扬，也可以让相关道德原则在人们的心目中升华为信仰。中国自古就有将道德诚信作为信仰的诉求，比如民间的关公崇拜就是诚信、仗义的神化，只可惜关公崇拜在重物而没有精神情操的氛围中也出现了嬗变，现在多把关公敬为财神，其原来的价值意义蕴涵却已被人们所遗忘。"

也正因为信仰的异化，中国人虽然发展了经济，而且越干越起劲，但我们在发展的路上走得越来越乖张和偏离。于是便有了一篇博文中的叹息：看似丰富多彩的生活其实只是暂时掩盖了人性与生俱来的孤独。于是我们开始逃避孤独，不敢承认孤独，不敢在孤独中发现自己。但我们一旦陷入孤独，就会产生恐惧，然后这种恐惧感逼迫我们走向死亡。

按照卓新平教授的看法，人类的信仰不可能是单一的，是有层次的。如果要分，有以下四个：政治信仰、民族信仰、文化信仰和宗教信仰。

那么，我们的政治信仰又该是什么？

掐指计算，最年长的 80 后已经 33 周岁。如果放在几年前，肯定有人会担心 80 后在政治上尚未走向成熟，于是，我们的一时迷茫或冲动都可以理解。但是，到了今天我们再忽视这种问题，那还真坐实了别人对我们的指责,是"享乐主义者的天然传人",而不知天下责任。事实上,田方萌就观察到:"改革开放时代的中国经历了两股人类历史上罕有其匹的流动大潮,一是城市化推动的民工潮,二是国际化带动的留学潮。20世纪80年代出生的农村青年像父兄一样继续涌入城市,相比于老一代民工,他们受到了较高的教育,也获得了较高的收入。一些调查显示,他们不再安于徘徊城乡的两栖生活,而渴望在城市定居。他们的身份意识已经在维权时代觉醒,他们不愿再抗拒城市生活的诱惑。我怀疑新民工将在不久的将来发起一场争取城市身份的民权运动,他们中间也许将产生马丁·路德·金式的政治领袖。"

而在现实生活中,80后中就有人已经迈出了民主参选的第一步。

2011年5月25日,生于1984年的徐彦决定参选地方人大代表,5天后,他面对镜头发表了一篇长达10分钟的参选演说。"我是一个完全透明的参选人,我会是一个让本选区选民都认识、随时都能找到我的人大代表。我希望选民不是因为我是独立参选人而投选票给我,而是因为他们了解我徐彦是谁,了解我能做什么将会做什么,并且信任我,这才是对我们每个人的生活负责。"这段视频被网站加上标题"国内第一段独立参选人的参选视频"放到网上,数小时内就获得了数百次的点击。

徐彦并不是一个人在战斗,24岁的梁永春也在微博上宣布自荐参选人大代表。他参选的决定不是跟风,在接受《中国新闻周刊》采访时,他表示:作为一个年轻人,有必要通过参选为改变社会现实作出些努力;作为一名刚刚转正不到一年的共产党员,这是某种信仰。"有感觉,但说不出来"。从"我是谁",到"我能做什么",两个独立参选的"80后"完成了一系列自我完善的过程,依稀摸到了信仰的大门,他们自认为是平凡人,却比身边的人更相信"一人一票"的意义,所以他们的宣言才能喊出"8090"心底的声音:"大多数人虽然和我们一样对社会有许多想法,但都被买房等现实的问题牵绊,忽略了曾经的信念,继而害怕选择不寻常的人生。重拾,就自我们始吧。"

在田方萌那段话里,还提到了"国际化带动的留学潮"。他具体阐释说,与进城民工要求与城里人享受平等权利类似,留学生也希望东道国对中国人和其他国家人民一视同仁。中国的国际地位影响到东道国如何对待海外侨民,因此,留学生特别在意中国是否能以平等姿态和正面形象进行国际交往。这便带来了"8090"的民族信仰问题,那就是在坚守自我的民族之魂的同时,追求世界各民族的平等。

很早就去加拿大留学,日后又成为加拿大华文媒体副主编的80后连鹏,就希望中国的年轻人能有创新的民族意识。

他在谈中国的"8090"在全球化年代如何做"跨国公民"时说,中国人总有一种误区,或者是自卑心作祟,特别在乎其他国家,尤其是世界大国如何看待我们。当他国领袖或政客发出一些让我们不舒服的言论,或作出不友善举动时,我们总因为觉没面子而气愤;而别人积极赞美就觉得受到尊重,就签订巨型合同、以大礼包形式回赠。我们应该考虑对方言论、举措是否损害中国国家利益、纳税人的利益,如果仅仅因为不和善就觉得丢面子,是一种不健康的心态……他还说,中国未来是否可以真正崛起,取决于年轻一代是否有足够的韧性、足够广阔的全球意识,创造以世界意识、自信心、自尊心为内容的新民族意识。

这种新民族意识也可以视为"8090"的新民族信仰。

也正是基于平等以及自信、自尊,日本学者西川博史提出,人类应相互尊重彼此的价值观和现实利益,在相互理解的基础上拥有"共同体价值观",并通过逐渐培育这种相互理解的共同价值观来建立一种"文化共同体"。在卓新平看来,这种发展应该就是典型的中国道路、中国模式。

以前是以西方为中心,如今要和西方建立"文化共同体",显然,中国已经逐渐恢复了自己的文化自信,也可以是说逐渐恢复了自身的文化元气。

2012年10月11日,莫言靠着中国元素打动了诺贝尔文学奖评委,完胜外界看好的其他热门人选——加拿大女作家艾丽丝·蒙罗、日本作家村上春树和美国作家菲利普·罗斯等人,成了中国第一位获得诺贝尔文学奖的本土作家。这是值得庆贺的事情,但也可以说,与莫言差不多同时代的作家,对诺奖是心存追逐的,犹如当年张艺谋对奥斯卡的渴望。不过,到了"8090"这里,他们对欧风美雨已经不再顶礼膜拜。他们不觉西方说的就是对的,就连其新潮玩意儿在"8090"眼中也不再显"酷"。在80后昔日的文化代言人周杰伦的唱作中,就分别出现了这些字句,"想要去河南嵩山,学少林跟武当"、"东亚病夫的招牌,已被我一脚踢开"(《双节棍》);"我们精武出手无人能躲"(《霍元甲》)以及"外邦来学汉字,激发我民族意识"(《本草纲目》)……一位西方专栏作家敏锐地觉察到:"东方不再需要我们,他们开始自个儿跟自个儿玩了。"

在全球化时代,"8090"已不拒绝融入世界,但要重建"8090"的文化信仰,必须建立国家的文化自信。如果说,文化信仰是一种自觉,那么这种自觉就需要在自信之后。做文化产业的中演董事长张宇在谈中国文化如何"走出去"时就说,他不赞成"走向世界"这个词,好像我们是外星人。美国人过来叫访华,我们去美国叫走向世界,本身就不自信。不自信可能有两种表现:怕人看不起你、怕人害你。老觉得赵家的狗又叫了,它看了我一眼,必定要吃我的肉了。这种东西想多了,还真走不出去了。不自信的结果往往就是丢失了文化信仰,也不可能有真正的"文化共同体",最后不是文化犬儒,就是文化汉奸。

只是,谈信仰,对"8090"有时显得太大,那么,我们就往小里说梦想。

梦想不一定是信仰,因为梦想可以改变,更重要的是,信仰产生敬畏。

信仰烈士,对烈士产生敬畏;信仰上帝,对上帝产生敬畏;信仰祖先,对祖先产生敬畏;信仰科学,对科学产生敬畏。梦想不一定需要敬畏,但它同样也是一种力量,有关激情和热爱。

1988年8月23日,林书豪出生在美国加州旧金山湾区帕罗奥多,那一年,姚明8岁,在上海市高安路第一小学上二年级。两年后,姚明开始正式打篮球,而前者刚刚学会走路。跟姚明相比,林书豪像朵苦菜花,被勇士裁掉、被火箭裁掉、被纽约下放到发展联盟。他成功的背后,是草根式的努力和汗水。姚明说:"林书豪身上有一种强大的力量。这股力量就是对篮球的爱。"

作为钢厂工人,80后周志伟确是没有什么特别的亮点,爹妈都是工人,自己也是一周三班倒,如果说有点特权也就是可以坐在空调房间盯着各种仪器,因为他的沉稳和踏实让领导放心把记录液压表这些工作交给了他。当然,这只是他常态的一面。生活中的他偏内向,是结婚了的宅男,圈子有限,典型天津经济适用男一枚。而在网络世界中,他是民俗爱好者、业余摄影师、自由撰稿人、具有50多万粉丝的微博达人。这个小人物觉得现在很多的神话故事都太过时了,于是他自己跟自己较劲,寻思着要整出来个新版神话故事书,并采用了相声抖包袱配合无厘头的形式。他的这个系列得到了越来越多人的关注,《夸父追日》《无首刑天》《精卫填海》《女娲造人》……他的故事并没有什么杜撰,因为他都是参考《山海经》等各种神话起源所写,情节也都是尊重原著,只不过采用诙谐的手法,受到了众人的欢迎。

不管身处何方,出身如何,让我们永远保持着做梦的欲望和能力。喜欢行走以找回内心的力量的电影明星陈坤就希望,在如此快节奏的生活和城市里,在无数的诱惑和欲望面前,我们得学会笨一点,慢一点,"二"一点,傻一点。

也许,梦想坚持久了,百炼钢成绕指柔了,也便成了你我的信仰。

第十一章 / 在橡皮中国,"8090"的"终极关怀"归哪里?

他们没有神经,没有痛感,没有效率,没有反应。整个人犹如橡皮做成的,是不接受任何新生事物和意见、对批评表扬无所谓、没有耻辱和荣誉感的人。

——王朔 《橡皮人》

本章主要观点导读

/ 现在的中国孩子,好像有一点未老先衰,年纪轻轻,就每天想着买房买车的事情。总而言之,他们没有那种对世界的更广阔的好奇心了。

/《中国文化的深层结构》的作者孙隆基有一个说法,他认为中国人没有世俗生活之外的"超越意识",缺乏"终极关怀",一切以"身"的安顿为依归,造成"有口饭吃就行"的极端世俗化的人生态度。

/ 如果说,梁启超致力于启蒙,将品性上有根本欠缺的"国人",改造成现代意义上的"国民"。也就有人希望,"8090"能终结"总体性社会",完成中国的"现代转型"。

/ "利益"是一个相当晚近的词,在古代道德中它指的是人们所寻求的善与快乐,而不是物质的有用性。

/ "8090"需要成为一个"完整的人"。

/ 要想完成中国的"现代转型",把自己先完成好,然后,再说。

一位信仰基督教路德宗的挪威女士对中国从事多年研究后,对中国人的生活感到非常奇怪:一个中国家庭移民美国后,长期以来只是关心以买房子、买车子为目标的物质世界,从不参加谈论人生的社交活动,也从不去阅读在国内难有机会接触的书籍。

曾在剑桥任教的刘瑜同样有这样的感觉:"国外学生会关心全球变暖问题,会利用自己的时间去世界各地看看,其中有些会选择去一些发展中国家,了解那些国家发生了什么,自己有可能以什么方式进行一点帮助。他们有种年轻人应该有的很健康的好奇心,这一点特别好。但看现在的中国孩子,好像有一点未老先衰,年纪轻轻,就每天想着买房买车的事情,如果他有一年的空闲,想到的就是怎么样赶快挤到投行里去实习。总而言之,他们没有那种对世界的更广阔的好奇心了。你说,你那么年轻,这个世界还没有怎么阅历过,甚至都还没有怎么看过,想过,体会过,你就那么急着买房买车干吗?"

刘瑜感慨,为什么现在的中国人对一切不能直接变成金钱的东西都不感兴趣了?

《中国文化的深层结构》的作者孙隆基有一个说法,他认为中国人没有世俗生活之外的"超越意识",缺乏"终极关怀",一切以"身"的安顿为依归,造成"有一口饭吃就行"的极端世俗化的人生态度。因为缺乏宗教对精神的提升,加之长期处于食不果腹甚至朝不保夕的处境中,中国人最大的愿望就是鲁迅所说的"但求做稳奴才"。

中国人对自我的拯救方式是在世俗中"安身",这一观念又由父辈灌输给了 80 后。

女孩面对婚姻关系时,将来的安身之处是必须考虑的问题,能将她们带往异国他乡的老外可以重点考虑。改革之初,深圳一位母亲对儿子说,要再不好好学习长大了只配做公务员;而此前,参加《一站到底》、拥有三个学位的选手,在介绍自己时却不无骄傲地说,自己现在是一名公务员。"你写PPT时,阿拉斯加的鳕鱼正跃出水面;你看报表时,梅里雪山的金丝猴刚好爬上树尖。你挤进地铁时,西藏的山鹰一直盘旋云端;你在会议中吵架时,尼泊尔的背包客一起端起酒杯坐在火堆旁。"当我把这个段子发给朋友等待共鸣时,她回复:"不写PPT赚钱,拿什么看鱼看猴。"林语堂称,在所有的动物中,只有人类发明了工作。动物只有在饥饿时才觅食,其他时间则自由自在地生活,而人类却饱受欲望支配和折磨。

这能怪"8090"吗?这是一个最好的时代,爱拼就会赢;这是一个最坏的时代,只顾拼,物质几乎成了衡量成功的标准。

"这种每天都像在飙车的环境,逼迫着你今天不抓住机会,明天就会落后,大后天人家就富起来了,你什么都没跟上,你就会有急促感。"台湾地区媒体人陈文茜说。《东方早报》的一篇评论更有助于理解这一问题:"80后是目前中国各代族群中受教育程度最高的群体,却又是最没有生存保障和依赖的群体,处在最没有价值感的历史的路口。""8090"面对着一个就业机会缺乏、福利保障未健全、资源被官僚体制垄断的城市发展模式,资源紧缺,压力庞大。上溯千年,古人的命运方程式是,一命二运三风水,四积阴德五读书,六名七相八敬神,九交贵人十养生。在先赋社会,一切皆已安排,一切皆由天定。"6070"经历了自致社会,白手起家打天下。现在自致社会似乎又堕回到先赋社会,"九交贵人"要比前八个变量重要得多,一言以蔽之——拼爹。这个社会需要时间,找到一个人人公平参与财富分配的方式对于80后来说,有点远水解不了近渴,而就算是拼爹的胜利者,按部就班走着被规划好的人生路线,衣食无忧却好像不是为自己而活,前天和昨天一样,今天和明天一样,能想象自己10年后的样子。所以表面上看新生代们要比前辈快乐得多,但有时也就是虚假繁荣。

"你幸福吗?""我姓曾。"

在我的手边,有本老书,叫《追寻失去的传统》,傅国涌老师写的。文字写得算不上太精彩,但我愿意去读它,因为傅国涌所写的那些先辈,诸如傅斯年、宋教仁、黄远生、邵飘萍、林白水、史量才、杨杏佛……他们为了自由、民主、宪政的理想,孜孜不倦地追求。可以说,他们在年轻时遇到的问题并不比我们少,也会面临各种各样的诱惑。同样是80后(1886年10月11日生于浙江金华)的邵飘萍就曾和家人说:"张作霖出三十万元买我,这种钱我不要,枪毙我也不要。"不幸而言中。然而,在就义时,他表现得非常从容:"一滴水融进了大海,它消失了,却获得了永生。"

对我们现在的"8090"来说,也应该在物质的束缚当中,抽出点时间来,哪怕一天,一个小时,一分钟,用来思考下自己的"永生"。

也就是孙隆基所提的"终极关怀"。

好在中华民族一直是一个重视历史重视反思的民族,现在也是——有人在读完傅国涌老师所写的人物之后这样说——虽然这反思有时看起来显得肤浅做作,但对普世价值的承认和追求、对民国时代知识文化领域的优秀传统的承认和追求一直没有停止——在为生民请命、为万世开太平、为民族求进步的历史中总有一些孤独的追求者,就像鲁迅,或者俄罗斯民族的索尔仁尼琴。"傅国涌的这本书或许并没有太大价值,有价值的是像傅国涌这样的一群中国人在浮躁社会环境下没有放弃这种难能可贵的追求。他们对民族进步的思考和追求才会让我们的飞速发展更有质感和有深沉的推动力。"

那么,沿着前人的步伐,"8090"后的"终极关怀"又该是什么?如果说,梁启超致力于启蒙,将品性上有根本欠缺的"国人",改造成现代意义上的"国民"。也就有人希望,"8090"能终结"总体性社会",完成中国的"现代转型"。

所谓的"总体性社会",属于社会学的范畴。马塞尔·莫斯曾用《礼物》这样一本书来阐释"总体性社会事实"。至于文章的论述,显得有些深奥,在此不便展开。不过,莫斯的一些看法还是很有推荐给大家的意义。

在他看来,在现代社会中存在了太多的个人的和纯粹功利的经济,现代社会理论过于津津乐道于经济理性主义。他还尖锐地指出,"利益"是一个相当晚近的词,在古代道德中它指的是人们所寻求的善与快乐,而不是物质的有用性。"是我们西方社会在不久以前使人变成了'经济动物'。不过我们还没有完全变成这副样子。经济人不在我们身后而在我们前方;道德人、义务人、科学人、理性人都莫不如此;在过去的无尽岁月中人们都未曾是这样的人。人成为机器,成为复杂的计算机器,实在只是不久以前的事。"有人在读完《礼物》后如此说,"我们再一次理解到,人不是被我们在理性主义和重商主义大行其道后反复重复和强调的那样,即是一个单一的理性计算的'经济人',现代社会中的人也远远没有那么冰冷和功利,我们当然有走向'经济人'的危险,但是,也有走向'道德人'、'义务人'、'科学人'和'理性人'的可能,总之,应该是一种完整的人。"

成为一个"完整的人",而不是对一切不能直接变成金钱的东西都不感兴趣——对"8090"来说,无疑是一次有益的提醒。同样,道德、义务、科学、理性,包括先辈知识分子所追求的自由、民主、宪政……也无疑是中国在现代转型上的方向和目标。

知名学者余世存曾寄望年轻一代能尽早实现转型。"对我国这样一个发展中国家来说,如果迟迟不能完成转型,那么,无论这一代人个人成就如何突出,可以肯定的是,他们可以让我们惊喜,却不能长久地给文明以安慰和保证。因为他们言行事功虽然独立,却难能上升到国家社会层面,服务于中国社会,进而为世界文化服务。"不过他很快也发现,这种转型,却因为年轻一代在理性等诸多方面的欠缺,而有延误的可能。比如说,各种爱国主义、民族主义、民粹主义的泛滥,让他们参与的"中国的崛起",要么与世界对抗为敌、要么沉醉于光荣孤立的幻觉中。这也更从反面证明了,"8090"成为一个"完整的人",完成中国的"现代转型"是多么的紧迫。

这种非理性自然跟社会、跟文化以及整个国际环境有关,像自致社会似乎又堕回到先赋社会不可避免让人"急火攻心",当然,少不了父母这一环。"8090"的父母,不是50后就是60后,在进入社会前,几乎都曾做过"解放全人类"的大梦,之后社会的变革,却让他们顿感人生被浪费。他们虽然算不上"经济人",却不是一个正当的"义务人"、"科学人"。他们不知道义务和权利是一枚硬币的正反面,只知道服从,而不知道诉求。在他们那里,没有明确的权责意识。他们虽然都有耻辱和荣誉感,但在当时那种义务和权利不对等的社会语境里,这种感觉最终也会陷入虚无——在这样的家庭中成长的"8090",自然而然,缺少相应的现代性的教育。所以,《无法独活》第一辑便曾大胆地抛出了"抛父别兄"的论调,也就是说,正走上舞台中央的"8090","面对着强烈的聚光灯,手足无措之后,需要稳定自己的情绪,既来之,则安之。再也不能'被'下去,必须主动去担当,勇于去担当。那就是,去积极找食,去主动断乳,关键的更在于找到自己的内心"。

庆幸的是,在现实的琐碎中,有人开始质疑自己目前的生活。"我也好像从来没有为自己而活过,真想放下一切疯它一次,就算头破血流我也甘愿。"

是啊,想想我们从小做的每一件事情,都是为了让爸妈高兴,让他们在同学面前、同事面前有面子，反而都快忘了自己想要什么了。这大概是所有"8090"的内心独白，只是有人埋得更深，连自己都忘记了。青春本就应该轰轰烈烈的。

赵宝刚的《北京青年》为改变提供了一个样本：主人公何东在电视上看到《非你莫属》中求职者王越自己的一番人生理想后，毅然放弃公务员工作，在结婚登记当天同未婚妻分手，决意找寻那份属于自己的青春。他的想法得到了兄弟的支持，他们纷纷放弃了"铁饭碗"，兄弟四人结伴"重走一回青春路"，就连爱情，他们也决定"再爱一次"。

赵宝刚没打算号召大家都把工作辞了，而是往这方面想一想，"现在的年轻人太保守了，为了各种目标不敢去做一些事情。重走青春路只是希望人在青春期时思想不要禁锢，准确地理解自己，用各种方法重新过，一切都还来得及"。也许《北京青年》不具有普世性，但动过"换个活法"念头的人绝对不在少数。只是冒出这样的想法后被周围的人一打击就算了，还有自身的好面子，结果使自己陷在社会关于成功的惯性思维里。"中国的教育理念是艰苦奋斗吃苦耐劳，但承受苦难对人类社会的进步是无益的，我们要想办法不承受苦难。纵观人的一生：童年咿呀学语，中年肩挑重担，老年遭遇孤独，最后饱受疾病煎熬。青年阶段，该怎么过？苟活，还是保持热血？"赵宝刚的疑问，压得人心头沉闷。

在伦敦威斯敏斯特教堂旁，矗立着一块墓碑，上面的一段碑文写着：当我年轻时，我梦想改变这个世界；当我成熟后，我发现我不能改变这个世界，我决定只改变我的国家；当我进入暮年，我发现我不能改变我们的国家，我的最后愿望仅仅是改变一下我的家庭，但是，这也不可能。当我现在躺在床上，行将就木，我突然意识到：如果一开始我仅仅去改变我自己，然后，我可能改变我的家庭；在家人的帮助和鼓励下，我可能为国家做一些事情；然后，谁知道呢？我甚至可能改变这个世界。

其实，要想完成中国的"现代转型"，把自己先完成好，然后，再说。

是的，再说。

第十二章 / 浮躁时代的理性，不做"劣质愤青"

　　这部词典将是对人们赞同的一切的历史性颂扬。我将证明多数永远有理，少数永远有错。

——福楼拜 《庸见词典》

本章主要观点导读

/ 学子们的行为,固然是爱国急公之举,却不能霸道横行,不能说因所做的事合乎天理,就可违法而不受处治。

/ 从五四到今天,中国年轻人的愤怒的气质并没有变更,愤怒的方向却出现转折。愤怒之矛的指向,从90年前的权丧国辱,既转向了当下的社会不公、公权滥用、贫富分化,更多却呈现出虚妄的民族主义狂热和危险的道德至上主义倾向。

/ 这一切却必须要有理性作为裁判。就像权力,失去了监督,就成了洪水猛兽。

/ 爱国不是让国家更糟糕,而是为了让国家更美好。爱国既需要捍卫共同的国家利益,也需要捍卫共同的价值。

/ 给愤怒找一个出口。

/ 我们每个人应该有不同的追求,这种追求才构成多样的个体,独特的自己。成功与名利无关。

这个时代有很多愤怒的青年，在西安反日大游行中，砸车伤人的蔡洋就是。

蔡洋是 21 岁的泥瓦工。此前从老家南阳来到西安，吊在空中刷了两年的墙壁。2012 年 9 月 15 日的上午，他加入了汹涌的反日游行的队伍。根据媒体的报道："在到达玉祥门转盘附近，一辆卡罗拉（日系车）已经被围成了里三层外三层。旁人已经无从了解，一把 U 形自行车锁如何到了他手里，他开始把锁砸在西安市民李建利的车上。51 岁的车主李建利情急之下，拿起一块板砖拍在蔡洋的头上，鲜血从蔡洋头上流下来。蔡洋奋力跃起，暴怒完全攫住了这具兴奋的躯体，将手中的 U 形锁猛力砸下，一下，两下，三下，四下……日后，他曾给自己在山东打工的二姐蔡玉凤电话，面对二姐的指责：'你去砸车正常人都觉得你要赔偿，我们负担不起！'他却说：'这是爱国行为！我鄙视你！'但这种'爱国行为'最终'闹到了北京'。在电视里面，白岩松在劝他去投案自首。警察最终也找上了门。不过，被警察从家中带走前，蔡洋还不明白自己闯了什么祸。"

后来有人翻看他的微博，发现上面充满着焦虑和愤怒：

"90 后悲催的人生！"

"现在什么东西都对我不重要！只有爱情对我才是最重要的！"

"快烦死我了！该怎么办啊？谁帮帮我？"

"烦烦烦烦！我都快要崩溃了！"

"唉……纠结！"

当然，也有让他感觉到很爽的事情，那就是，在项目经理的奥迪车上撒了一泡尿。

不难想象，他奋力跃起砸向李建利时，该是如何的宣泄。如果他有相应的知识，说不准会将自己当成了90多年前火烧赵家楼的那帮年轻人中的一个。

那年的5月4日，中国人表达愤怒的方式，也是由一群北京青年学生充当急先锋，打出标语，走上街头游行示威，愤怒到极处，遂有烧楼之举。都是愤怒书写，但两者的差别在于，五四的愤怒几乎赢得了所有中国人的强烈认同。当那些被抓捕的学生成为英雄，社会各界一致呼吁对这些犯事者"不经审判而保释"的时候，有一人提出了异议，他说："纵然曹章罪大恶极，在罪名未成立时，他仍有他的自由。我们纵然是爱国急公的行为，也不能侵犯他，加暴行于他。绝不能说我们所做的都对，就犯法也可以使得；我们民众的举动，就犯法也可以使得。"因此，他说："我愿意学生事件付法庭办理，愿意检厅去提起公诉，学生去遵判服罪。"他开始还想经过审判之后，由司法总长呈报至大总统，然后宣布特赦，这样一方面可顾全法律的庄严，一方面免得几个热血青年受委屈。但再一想，觉得终不如学生服罪的好，因为这样守法的好榜样可永垂后世。

这个人叫梁漱溟。

今天的"8090"似乎也不完全无视愤怒的危险。2009年5月4日，五四运动过去90年后，青年学者羽戈与梁漱溟心灵相通："愤怒是一种自由，我们不缺乏这种自由，但我们却存在滥用这种自由的危险。对什么都愤怒，等于对什么都不愤怒。自由化滋生了愤青的产生，愤怒的资源化造成了愤青的内战。从五四到今天，中国年轻人愤怒的气质并没有变更，愤怒的方向却出现转折。愤怒之矛的指向，从90年前的权丧国辱，转向了当下的社会不公、公权滥用、贫富分化，更多却呈现出虚妄的民族主义狂热和危险的道德至上主义倾向。愤青所求者不是自由民主，甚至不是民族大义，而是屁股决定脑袋的偏见,有时沦落至为愤怒而愤怒,仅为表明一个特立独行的脆弱的立场。"

当愤青愤怒至此,所结出的果实确实与大粪无异。

数年前,有本书就叫做《愤怒青年》,对该类青年的刻画用了如下字眼:孤寂的身影,愤怒的挣扎,暴戾而冷烈,迷乱而无助。没有方向,没有退路,只有宣泄的病狂和冷酷的面对。这些字眼让人看上去同样会愤怒,然而,直到现在,我们依旧没法将这些字眼从愤青的身上除去。在1958年由托尼·理查逊导演的《愤怒的回顾》中,由杰克·克莱顿导演的《上流社会》和1968年由林赛·安德逊导演的《假如……》中,愤怒青年的身影更为清晰:他们一般是劳动阶级出身的青年,大量使用土语、方言、行话、黑话、粗口,经常酒后吵架、球赛、斗殴,他们缺乏改善社会地位的机会,故而失望、愤怒和怀有反叛的情绪。他们对统治阶级组织机构抱有一种敌对态度,对死气沉沉的福利制度强烈失望。他们既有优点,又不顾廉耻、心胸狭隘和不顾道德。

对这些青年的出现,我们也能给出善意的理解,比如说,此前变动的社会,容易让人产生幻灭感和失望感。上位者描述着"富裕国家"或者"太平盛世",很有诱惑,只是这种富裕和太平也是有等级的,只唯上不唯下,平民们只有冀望上位者大发善心,从手缝之中漏出一点恩泽。这怎能不让那些本应分享更多社会地位和政治权利的平民和青年感到愤怒,但也只能愤怒——这多像本书在第一部分中,对"8090"的描述。都说三十年河东三十年河西,然而,时光带走了流水,改变了位置,不同的岸上,却站着面目相似的人群。

有些时候,愤怒是一种有价值的情绪。面对不良、猥琐、堕落、苟延残喘、虚与委蛇……愤怒是一枚很好的子弹,让愤怒飞就是让子弹飞。这些小人物虽然反文化、反英雄,却也因此显得生机勃勃。

但这一切却必须要有理性作为裁判。就像权力,失去了监督,就成了洪水猛兽。

前几天在网上,碰到一个男性朋友。他发现自己竟然有一段日子没关注不加V了,所以他觉得得补习一下功课。但是在浏览了她的一些微博之后,他却对她生出一股厌恶之心,就像别人天天吃大蒜,然后大清早地冲你哈了几口。

因为不加V在微博上已经号召自己的粉丝们说脏话了,越脏越好。他在山东老家最粗俗的骂人的话,现在却成了她和她那些粉丝们的流行词汇,而且后者似乎觉得这很潮很好玩。他说,他喜欢以前的不加V,那个时候的她也很愤怒,还用自己张扬的欲望来表达自己对这个世界的愤怒。可以说,这种愤怒,多少有点妇女解放的意味在里头。同时,她的破格行动在客观上也是一种不自觉的反抗,当男人们试图改造女人,让女性走男人指定的路时,她便用这种方式抱以戏谑和嘲笑。

然而,就像鲁迅先生在1932年写的"辱骂和恐吓绝不是战斗"一样,说脏话也不是战斗。

因此,也就有人在谈到不加V时一针见血地指出,不能将妇女解放庸俗化视为性解放,也不要以为纵欲才是女性解放的唯一标志。要真正解放她们,就要给她们平等、平权以及人身、思想的自由。当然,这种地位是她们在社会实践中自然取得的,绝不是靠男人们的"养活"而赐予的。不过,在不加V的愤怒里,我们看到多少对平等、平权以及自由的召唤?平等、平权和自由不是说和男人比拼脱裤腰带的速度,也不是说和别人比拼睡过的男人数目。

朋友说,如今的不加V是"邪恶"的,但这邪恶,也恰恰是这个时代病的一个淤积。

治疗这种淤积,理性的确不可缺席。

也就在蔡洋怒砸李建利之后,《新京报》发表了社论《爱国就应做理性守

法的公民》。一看就知道,它突出的是"理性守法"这四个字眼。社论中说:

> 民众在表达爱国热情的同时,也要意识到,要理性爱国、文明爱国、守法爱国。爱国,不需要民粹和暴力,不需要以牺牲国内正常社会秩序为代价;爱国,必须向打砸抢说不……现在,真正的爱国就是要告别义和团式的爱国。不能说,因为爱国,就可以为所欲为,无法无天。不能说,在保钓问题上,以维护国家利益为借口,就可以抛弃法律,就可以伤害其他公民的合法权益。一方面,我们继续呼吁民众理性爱国,做爱国的公民,而不是做"害国"的暴民;另一方面,也需要各地政府部门积极承担起维护社会秩序的职责,将个别打着爱国旗号打砸抢的人绳之以法。爱国不是让国家更糟糕,而是为了让国家更美好。爱国既需要捍卫共同的国家利益,也需要捍卫共同的价值。民众在表达爱国热情时,理性而守法,才能向外界展示一个国家强大的内在力量。与此同时,愤怒不能、更不必成为一个社会的主导潮流。当愤怒随处可见,廉价如劣质安全套,这块国土将感染多少致命的病毒:肤浅、歇斯底里、躁动不安、缺乏宽容和同情、丧失理性交流,直到正义沦陷……

如果说梁漱溟在90多年前,面对中国人的愤怒给出了自己的理性解读,那么,几十年之后,也有另外一个中国人,在愤怒面前,同样拥有理性的自控。这位中国人叫冯锦华,是2004年首次登钓鱼岛的大陆保钓人士。"在民族需要的时候,站在了那个地方,这就足够。"8年后,人生的阅历让冯锦华对爱国有了更为理性的看法,"爱国首先要把自己的事情处理好,不能成为社会累赘。"

当然,面对这些大道理,有人会觉得站着说话不腰疼。在一个不健康情绪四下淤积的社会,谁都有成为愤怒青年的可能。如果情绪得不到宣泄的话,你强调理性,倒变得有些强人所难。所以,要想让这个社会最后不会集体愤怒,那么,就得给愤怒找一个出口。但这个出口,绝对不是蔡洋式的打砸,或者是抢。

一方面,社会以及上层建筑要给年轻人以上进的机会和渠道,要致力于改变社会分配不均的局面。曾留学加拿大的80后连鹏就说,当权力成为稀缺,当资本只掌握在一小部分人手里,难免使得社会浮躁。于是"往上爬"成为一种社会共识,正因为有了"人下人"存在,才有了"人上人"。每个人都争先恐后往上爬,是因为担心成了"人下人"后,活得没有尊严。而社会大众也总以不太健康的心理去衡量成功和失败,无法尊重社会的多元性以及人有自由选择生活方式的权利。这也要求在另一方面上,我们每个人应该有不同的追求,这种追求才构成多样的个体,独特的自己。加缪在《局外人》中赋予默尔索这样的美德:不会耍花招,拒绝说谎,坦诚,光明正大,拒绝矫饰自己的感情,内心强大,甘于静止,自得其乐,不涉主流;不刻意与别人一致,也不故意与别人不同;能忽视他人目光而自持,放弃追随主流价值而自省。

其实这才是我们每个人真正的成功。广告人、台湾广告界"文案天后"李欣频在给成功下定义时,就说它跟名利无关。"我觉得成功就是要让自己活得淋漓尽致,也就是说你可以把自己的个性跟特长发挥出来,把自己打造得非常好,能够活开了。其他任何人换成你,按照你的身份过你的生活,他绝对做不了你那么好,那才叫作真正的成功。"

某网站在讨论"成功学"为什么会变成毒药时也指出,有人愿意成功向上、出人头地,这无可厚非;但也要允许一些人发发呆、做做梦,过点没有多少追求的小日子。有很多条路通向各人所理解的成功:拥有快乐家庭,能够发展个人兴趣、健康,如果机遇和运气都不错,有钱也不坏。

电影《阳光小美女》的结尾描述了这样一个人:"一生没工作,花20年写了一本没几个人看的小说。但晚年回首人生,他发现那些难熬的日子才是一生中最好的时光,因为那些日子造就了他。"

　　按照成功学的标准,他应该是个彻头彻尾的 loser(失败者)。如果换成你,你会不会愤怒,会不会觉得不成功,会不会丧失理性？一切都不好说。

　　被描述的那个人是,普鲁斯特。

PART 3

第三部分

草根的正能量：小人物行动派

黄诗薇（美国）

2012年的夏天,我在美国波士顿住了四个月,和几个"8090"的中国留学生一起合租住在联邦大道旁的一间小公寓里。我所居住的这一带,属于波士顿的学院区,毗邻哈佛大学、波士顿大学、波士顿学院等几所美国排名靠前的大学,有点类似北京海淀区学院路的意思。因此这一条大道两边的社区几乎全部是出租给学生住的公寓,平时走在大街上到处都是各种肤色和族裔的年轻面孔,每日穿梭的地铁上也都是满满当当捧书的学生,书卷气浓厚,青春气息逼人。

我很爱在门前这条大马路上散步,尤其是夜深时分,马路宽阔,几乎所有的年轻人都不肯待在逼仄的公寓房间里,他们活泼泼地坐在门前纳凉,在台阶上借着路灯读书、谈笑,有人在弹着吉他、伴着音乐轻声唱歌。空气清凉,路旁大簇大簇的百合花香气浓郁,晚归的青年恋人借着没有月光星辰的夜色亲密交谈,其中不乏华裔面孔。我想起大家开玩笑的那句话,如何区别华裔ABC和中国来的留学生,就是看他的脸上有没有一种不自觉的焦虑。而在这里,每个人都有不慌不忙的神色,这个时候,这个场景总让我有错觉身在某个理想王国。

几乎同时,微博上一则短短的几十字,被我同龄的朋友四处转发:"中国的高房价,毁灭了年轻人的爱情,也毁灭了年轻人的想象力。他们本可以吟诵诗歌、结伴旅行、开读书会。但现在,年轻人大学一毕业就成为中年人,像中年人那样为了柴米油盐精打细算。他们的生活,从一开始就是物质的、世故的,而不能体验一段浪漫的人生,一种面向心灵的生活方式。(出自西班牙《世界报》)"

大家一边转发,一边苦哈哈地自嘲着自己眼下正为"柴米油盐精打细算的世故生活"。因为我当时正沉浸在一种"浪漫的人生、一种面向心灵的生活方式"中,这种文字描述上的对比一下就把我击中了,也让我开始重新打量这种冲击下的对比,重新思考出路。

此外,在写这一章内容之前,我已经从本书主编王千马那收到了前两章作者的初稿,字字触心:失去安全感的时代,价值观缺失、信仰迷途的时代,一切被物化、标签化的年代,没有两百万连"中国人"这个关于民族国家归属的身份都不敢拥有,老实说,看得我很灰心。但不可否认,这两位优秀的作者用其锐利的观察和思考,一下看穿了我们这辈人最致命的死穴,也戳到了我们最现实的痛。

半年后我回到了北京,遇到了几个从美国留学回来的年轻朋友(因为我的专业关系这几个年轻朋友都是体育相关专业的毕业生)。其中一个,是刚刚从印第安纳大学体育管理专业毕业的硕士生,他放弃了美国公司的 offer(工作邀请),回到北京加盟了一间很小的创业不久的体育咨询公司,在北京工人体育场二楼一间小小的办公室。他开始背着书包、穿着运动鞋每天挤公交上班,并自觉有"心灵的惬意"。

还有一次,我跟几个中小学体育老师聊天,毫无疑问,他们都是 80 后乃至 85 后生人,他们谈起了自己对中小学体育教育不足的担忧,说起自己努力践行改良后的教学方案,其中还有人谈到美国最新的体育课教学视频,我问他在哪里看到,他微笑道,当然是 Youtube。这令我吃惊了,因为这完全颠覆了我之前对于"中小学体育老师"这个职业的概念,我以为他们只会吹吹口哨喊"一二一"呢。

举这两个例子是因为它极为平常,如你我身边认识的同龄朋友身上发生的那些平常事。他们都是所谓的小人物，不是我们透过聚光灯镜头在电视屏幕上看到的那些光鲜形象，不是一个又一个80后CEO，他们没有特定的pose(姿势)摆在那里供同龄人膜拜或艳羡，甚至他们有一样的烦恼和无奈：孤独的单身族、还太年轻没有可以出声的话语权、大多数还无车无房、更谈不上稳定富足的生活保障，还远不是世俗定义上所谓的成功者。

但是，他们身上均呈现了良好的品质，也就是如果让我来定义并认同所谓"具备正能量的草根80后"的品质，即：身处一般阶层，但接受了良好的教育，因而具备理性、务实的行动方式，在个人或社会现实生活中保持向上向善的姿态，不轻易放弃，对成功和理想有广泛定义，不狭隘局促、有开阔眼界，因而在任何一件事情，哪怕很小的事情上，都保有眼界和执行力。

总之，认识自己、以更开阔的姿态过出独特、有益的人生都叫做行动派。

这些有能力追寻生活价值并付诸实践行动的年轻人，不管他处于何种阶层，拥有何种职业身份、何种生活地位，都能积极影响自己、感染他人。虽然，"正能量"这个词已经被滥用，但跟他们交谈的那个过程,我的确感受到一种积极的被鼓舞的能量。

这种能量或大或小,但毫无疑问,这股能量如溪流汇海,大而发散可直达上层,福泽民众;小则春风化雨润泽心灵,点滴也许就能改变自己或者他人的人生。

等到快完成这部分内容时,在十月初的一个晚上,我在自己所任职的大学里参加了一场新生的迎新晚会。新入学的孩子站在台上齐声合唱:"想飞上天,和太阳肩并肩,世界等着我去改变……"他们略带初登大学舞台的紧张和生涩,腼腆地微笑,最重要的是,他们脸上熠熠发光地刻着这样的字眼:希望,憧憬,无尽美好的未来,尽在掌握。

这让台下的我有片刻不自觉地澎湃起来,想起我 12 年前的青春,当时我也是带着这样三分不知天高地厚的天真和狂妄,觉得自己势必成为这个国家和社会未来的发言人和革新者。"我以我血荐轩辕"的时代虽然过去,但是"我相信自由自在,我相信希望,我相信伸手就能碰到天……"

还好,12 年过去,我也仍然相信。我辈正当年,希望永不落幕。

第十三章 / 反智时代,草根的春天

　　没有人是座孤岛,独自一人。每个人都是一座大陆的一片,是大地的一部分。

——海明威

本章主要观点导读

/ 自20世纪90年代起兴风作浪的反智主义在新时期卷土重来。

/ 年轻一代如80后、90后,完全成为反智潮流中的生力军。

/ "屌丝"成为网络平民反智运动的独特通行身份。

/ "屌丝"代表了自嘲式的阿Q精神胜利法和无望的宣泄。

/ 草根是比"屌丝"更平和积极的身份代称。

/ 从现实意义上说,只要不是名人、富人、官人,没有权力,缺乏足够的话语权和影响力,都属于草根阶层的一分子。而从这个定义上来说,草根的生力军自然是当下时代中的年轻人。

/ 电视媒体大规模的造星运动,有意识地美化了"草根"的平民魅力和亲民气质。

/《中国好声音》几位歌手最后的名次,特别巧妙、也巧合地彰显了如今不同年代生人在社会娱乐生活的排名角色:最当红的是刚成年的90后,80后已经开始扮演承前启后的角色,但仍然打败70后进入了最后的决赛竞争。

我们先耐着点性子,从一个略显生涩和拗口的词语聊起——"反智主义"。这个词起源于美国,历史学家霍夫斯塔特(Richard Hofstadter)于1962年出版了著作《美国生活中的反智主义》(这本书在出版次年获得了普利策非小说类奖),在其中首先提出了挑战主流精英文化的"反智主义"(anti-intellectualism)。一般认为,反智主义是指一种对文化或思想表达的态度,而不是一套严整的思想理论体系。

"反智主义"的含义有两种:一类是指对于智性(intellect)、知识持反对或怀疑,认为智性或知识对于人生有害而无益。从这个定义来看,这个词在20多年前刚刚被介绍到中国来时,是作为一个贬义词出现的。很多学者们认为它是一种对文化的蔑视,因此被大多数中国学者所不屑或旗帜分明地抛弃(甚至现在,很多人都认为反智是美国价值多元的一个另类,中国并不存在真正的反智主义)。

但另一种解释则不同,反智被认为是反对知识分子,尤其是具有文化地位和优越感的知识分子,更准确地说,它意味着社会一般大众对一小部分精英长期掌控社会话语权的反抗、怀疑和蔑视。而在被士大夫主宰了两千多年的中国社会,等级森严的中国文化阶层一直过于强调读书人对社会的发声权力,一般老百姓的确没有表述自己利益和意见的充分渠道。

可想而知,这种定义立即赢得平民大众不自觉的欢迎,尤其在市场经济和消费文化迅速崛起的20世纪90年代,这种反主流的姿态也许非主观讨好,但客观上的确迎合了大众的需要,对于精英们(一般多是上一辈乃至上上一辈)长期占有着精神高地的事实,青年人不由得发现,颠覆的好机会来了。

当王朔以"痞子文学"、"顽主文学"的身份标签,用一种刻意平民化的姿态去消解当时的政治文化与意识形态对人的影响时,他立即成为"反智运动"的代言人。如果说那一时期反智的生力军主要是70后,那么在社交媒体兴起之后的2011年末2012年初,以薛涌等为代表的文化学者再度在微博上发起关于"反智主义"的讨论(薛自称反智分子,即"承认自己是读书人,但不承认知识分子的道德优势,希望加入反智的潮流,推倒知识分子的文化垄断")。这新一轮反智主义的来袭,其动员的力量主要来自年轻一代,即"8090"的网络平民。

为什么要不吝笔墨介绍"反智主义"这个略显生涩学究的概念呢,其实是因为想道出下面这个火爆的词。

它几乎是反智主义最合理的呼号,也是对年轻一代"非精英"身份最戏谑的调侃,我曾经不自觉地嫌这个词略显污浊和低级(以至于都不好意思把它用在章节标题里),但某一天,我发现自己不自觉地在跟同龄朋友闲聊时的自我调侃中用到了它,我感受到了它的流行和影响力——这个词叫作"屌丝"。

文化学者黄集伟在他的博客中为"屌丝"给出了定义:"屌丝"是"带有自嘲自贬意味的一种'自称',归结起来,'屌丝'之谓多与物质精神双重卑微贫瘠相关。它与常言'寡人''老朽''小弟''贫道''鄙人'之类既有近似的'谦称'意味的一面,也有宣泄绝望自暴自弃的一面。"

这个定义虽然简单,但包含了好几层意思。第一,它道出了"屌丝"一代最鲜明的区分特征,即"物质精神的双重卑微和贫瘠";第二,它是用于介绍自己的谦称,而这个自称,大都有一种"我是'屌丝'我怕谁"的大无畏气质和"自甘堕落即无敌"、"无耻天地宽"的阿Q精神胜利法;第三,"屌丝"一族往往具有鲜明的生活目标,那就是逆袭成功,转型为相对立的"高富帅"、"白富美"一族。但是,这个过程中,过于物化的身份标签和生活目标,以及艰难的现实环境,往往令人丧失理性的自我审视和自我认识,过分沉浸在一种自我嘲弄、自我宣泄、充满不满和埋怨、却又自甘堕落的低迷之中。一旦逆袭无望,他们极易陷入绝望、自暴自弃的境地,产生破罐子破摔的后果。

因此,相比起这个立场分明却可能带有消极效应的流行词,我更喜欢另一个含义相近、却显得更中庸、平和的词——"草根"。这个你我都不陌生的词,其实源自英文的 grass roots。《英汉大辞典》中,grass roots 作为一个单列的词条,释义是:群众的,基层的;乡村地区的;基础的,根本的。"草根文化",其实也就是平民文化,大众文化。而"草根阶层",一种含义是指同政府或决策者相对的势力,如人们常说到的一些民间组织、非政府组织等;另一种含义是指同主流、精英文化或精英阶层相对应的弱势阶层。比如,农民工就是草根,而出身农民工的演员王宝强、歌唱组合旭日阳刚,则是草根文化的典型代表。当然,他们在登上冯小刚电影荧幕、央视春晚舞台之前,是纯粹的草根,出名之后,就不好说了。

排除学究的定义,我认同的草根,从现实意义上说,只要不是名人、富人、官人,没有权力,缺乏足够的话语权和影响力,都属于草根阶层。而从这个定义上来说,草根的生力军自然是当下时代中的年轻人。因此我也是草根,只要不是富二代、官二代,籍籍无名的你,也是草根。而由你我这样的年轻一代组成的草根文化,很显然,具备了顽强(想想自己多年的打拼仍未曾放弃)、群体广泛(人口基数大、多如蚁众)、非主流(不自觉地想要挣脱精英权势)的反智特点。

这些特点,表述出了一种非正统、非专业,甚至纯然出自民间的群体特征,它区别于某种故步自封、唯我独尊的所谓正统、主流的声音,呼应了反智的潮流,有其独立存在的理由和独特优势。

据 2011 年《中国青年报》报社调查中心的一项调查显示:56.6% 的受访者表示自己就是草根;80.6% 的人表示日常生活中"草根"一词很常见;73.2% 的人表示草根的本质是社会底层自发形成的自我认同,草根流行彰显底层认同趋向;而 58.6% 的人认为草根的流行会提升社会底层话语权。

可见,对于年轻一代,关于自我"草根身份"的群体认同,其催发的因素跟现实的社会环境不无关系。本书前两部分的作者在文中谈到了"8090"正面临着一种空前的困境:即在社会阶层停止上下流动的大背景下,年轻一辈的上升空间越来越逼仄,因此,底层群体在朝着精英阶层迈进的过程中,本来正常前进却被迫停下脚步,或主动或被动地反思和关注其自身群体的命运。从人人向往精英、为草根身份感到自卑,然后不断变化,直到最后开始正视甚至认同并骄傲自己的草根身份。这也是"草根"比"屌丝"更积极一面。有学者说,这不仅是心态的转变,更是社会进步不可或缺的力量。因为只有打破精英垄断,实现社会文化角色多样化之后,社会进步才成为可能。

还有一个现象不得不提,那就是电视媒体大规模的造星运动,有意识地美化了草根的平民魅力和亲民气质。当王宝强穿着工地服登上春晚舞台领唱,当旭日阳刚面对几亿电视观众吼出"请把我埋在这春天里",当西单女孩从西单的地下通道里走上央视演播厅,这一切都显示出,他们的草根身份已经被电视媒体这个影响力巨大的传媒形态,推崇到了一定的高度。他们成了家喻户晓的草根明星,拥有了自己数量庞大的粉丝,知名度大幅攀升,哪怕在他们成名之后,也许迅速跻身某个"不再草根"的阶层,草根身份仍然是他们作为娱乐消费品的传播名片,平民魅力和亲民气质仍然是他们屡试不爽的招牌广告。

这一切,全得益于电视媒体的造星运动,正如美国著名媒体人尼尔·波兹曼在《娱乐至死》一书中的观点,电视的普及和风靡,为整个社会注入了最为疯狂的娱乐元素。

于是不得不提到 2012 年春夏火爆全国的一档歌唱选秀活动——《中国好声音》。以进入决赛的歌手为例:捧着吉他唱励志歌曲乃至红歌的 90 后小伙梁博,最终击败了画着粗黑眼线、咧着大嘴笑得没心没肺的同年代生人——90

后女生吴莫愁；而同样进入决赛的80后金志文，在决赛前的最后一场淘汰了70后生人、获得媒体99票、老少咸宜的歌手平安——以至于平安的支持者在微博上开始讨伐淘汰平安的导师杨坤，表达不满、发难的微博多达千万条，逼得杨坤不得不一度关闭了微博的评论功能。

且先不说这档节目所谓的黑幕或者不公平透明的选秀规则，这几位歌手最后的名次，特别巧妙，也巧合地彰显了如今不同年代生人在社会娱乐生活的排名角色：最当红的是刚成年的90后，80后已经开始扮演承前启后的角色，但仍然打败70后进入了最后的决赛竞争——也就是说，如果把80后、90后和70末都归为同一类（我们把75后生人也划分进80后），《中国好声音》最终脱颖而出的，包括在之前分组赛中火爆一时的选手张炜、李代沫等，都是之前籍籍无名、年轻的、民间的草根歌手。正是电视选秀，把年轻的草根一代打造成了一个又一个娱乐偶像。此外，这种电视造星的明星效应，又被社交媒体反过来放大和渲染，提高了其知名度和影响力。举一个例子，一张梁博和女友的照片在微博上流出后，不到15个小时内被转发了超过两百万次。

至于草根们在竞技中胜出、站到舞台之后，到底会产生怎样的影响和效应，在90后生人、备受争议并引得歌迷爱憎分明的另类女孩吴莫愁身上，体现出了最生动最贴切的答案。用导师哈林的话说，吴莫愁的声音与表演具有鲜明的标识性，这使得她有可能成为下一代巨星和偶像；但同时，她身上又有一种令上一辈完全无法正视的巨大破坏性。另一位导师、出生于60年代的歌唱界大佬刘欢，就对这种破坏性、与传统有巨大反差的特质，表示完全不能接受："这到底是要干什么，我没看懂！"

这正是所有刚刚站上舞台、开始发声的一代人所面临的一致困境：有人为你大声喝彩，也有人对你疑惑不解；有人支持你大胆发力，哪怕颠覆旧时代；也有人希望你夹着尾巴，立刻滚下台。

而吴莫愁面对争议的那句略带自嘲的辩解"希望你们被我正确地感染到",则几乎道出了所有刚刚获得某种认可、但仍惴惴不安的草根一族的挣扎和惶恐:希望你们接受我,被我感染到,不过还得以正确的方式,产生正确的、符合主流的后果。

但不管怎样,我们总归是艰难地穿越了荆棘、走上了台面,哪怕几乎是连滚带爬地。

第十四章 / 社交媒体兴起,草根争夺话语权

每个人都可以在 15 个人中大名鼎鼎。

——《纽约时报》

本章主要观点导读

/ web2.0时代，社交媒体正改变着世界。

/ "8090"是空前孤独的一代人。

/ 社交媒体的出现，为"8090"提供了前所未有的最佳沟通渠道和互动平台，以及更重要的，小群体的文化认同感。

/ 小团体的出现，为年轻一辈增进了更好的关系网络，从而获得更广阔的资源，而谁掌握资源谁就拥有了话语权。

/ 知名ID的成名史，彰显了草根个体和草根群体如何利用社交网络获得影响力的过程。

/ 社交网络不是万能良药，它解决个体归属和集群，却可能导致个体现实行为能力的削弱。

/ "在凡事懒得思考和探究的时代，我们拿微博度日"，要警惕社交网络的过度粘黏。

/ 社交网络为解决个体的孤独而产生，却让一代人更加孤独。

"我的名字叫马克·扎克伯格,卷发犹太人,成绩优秀,高中最爱编程,做了几个有点小用的软件后,我考上了哈佛。在大学我什么都不缺。社交?那是上等社会有钱小孩的游戏,我羡慕但我不需要……两个傻呵呵的兄弟俩找到我告诉我他们想建一个哈佛学生自己的社交网站,他们叫它哈佛社区。我觉得这主意不错,所以自己编了另一个网站叫做 The Facebook。"

上面这段话,引自《国际先驱导报》一篇文章《浑蛋们感到孤独》,准确地说,这是一篇影评,点评的是当年获得八项奥斯卡奖项提名的电影《社交网络》。很少有人能够想到,一部描述技术宅男、怪咖兼 IT 精英创业史的题材,能够以黑马姿态在奥斯卡上大放异彩,并最终一举获得奥斯卡最佳改编剧本、最佳电影剪辑、最佳原创配乐三项大奖。正如谁都没想到,这部电影所描写的故事主题在现实生活中所映射的那个新生玩意儿——社交网络,能在短短几年改变世界!

社交网络,即英文 SNS(Social Network Service)之意,全译为社交网络服务,提供的是虚拟网络中社交的途径和平台,其中以美国的 Facebook、Twitter 等为代表,而在中国包括微博、人人网等。不同于以往网络,社交网络不仅改变了我们获得知识的渠道,它的横空出世,甚至直接干涉了年轻一代的社交方式。它带来的不是知识的冲击,而是人的冲击,尤其是人与人之间的沟通和认可带来的冲击。

在商品经济高度发达、人情相对冷漠的时代,背负着"前所未有孤独一代"的命运,"8090"急切地需要为自己无比巨大、虚空的孤独感寻找宣泄的渠道。没有哪代人,比他们更需要对话、沟通和认同——这就是社交网络风起云涌的土壤。

而从更广义的角度来说,作为 web.2.0 的突出产物,它几乎成为知识社会中的典型创新形态,并在深远意义上影响着社会的草根化进程。说简单点,同时也是乐观估计,社交网络就如同及时雨,它助益的是草根一族登上社会舞台之后急迫需要解决的问题,如:

以个体或者小团体的角色发出声音:你可以为宁夏某乡村图书馆募集图书,也可以对以个人身份参选人大代表的同龄人表示支持;

快速传播多元讯息,寻找志同道合的同伴,获得支持进而得到认同感:不管口味多重、嗜好多怪,都能找到和你趣味相投的分群或者小组;海角天涯在你面前……的 140 里;

第一时间互动沟通,对社会热点问题展开一定范围内的群体辩论:真理越辩越明,首先我们得有辩论的空间,哪怕是虚拟空间;

转发和分享,扩大个体声音的影响力,直到形成小圈子文化,影响主流声音……

据披露的数据,截至 2012 年 10 月份,新浪微博注册用户已超 2 亿,按照新媒体研究学者魏武挥的估算,即便按照最严格的比例,新浪微博的活跃用户(指每个月至少使用微博一次)大约在 5000 万上下。除了那些加 V 的公众明星人物的 ID(被戏谑为大号),微博到底给年轻的我们带来了什么呢?

首先,微博提供了对不满的释放和宣泄渠道,快捷有效地与人互动。如本书前面介绍的那样,在现实生活中遭遇生存困境的"8090",刚刚摆脱了集体意识的束缚开始个体意识的觉醒之际,在精神上尤其需要对外的沟通并获得对自我的肯定和认同。而这种需求在现实生活中几乎绝无可能解决:跟父母一辈有沟通代沟,都市中朋友见面互动的成本极其高昂。你苦闷没有正常的发泄渠道,且成本高昂,得不到呼应。可是,不管你是分享欢乐,还是表达不爽,敲下140字,不到一分钟就有附和或反对你的回应出现。许久不见的朋友,无须拨打电话便可以对你的近况更新了如指掌。

其次,微博是完全自媒体的登台,个人主义的狂欢(虽然它仍然被门户掌握)。微博用户都有这样的感觉,微博里各种讨论的声音、讯息呈现的世界和身边眼见的现实世界完全是两个不同的世界。不管网络平民还停留在哪个层面上互动和狂欢,微博确实提供了一个大多数时候"畅所欲言"的理想沙龙,各种观念在此分享、探讨、交锋及辩论。

再者,最重要的,我们从中获得认同感,成功地形成关系圈。我们需要对话、需要呼应、需要互动、需要扎堆,甚至需要为我们千奇百怪的癖好寻找集群。因此就不难理解微博上的各种秀、各种怪趣味扎堆。新浪微博上每天流行的话题千奇百怪,讨论豆腐脑是甜是咸的话题都能引发几百万条发言。

而多元价值观创造和谐社会。微博把制造集群和小圈子的成本降到了最低,从而成功形成多元文化和多元价值观。而和谐社会需要的正是多元价值观,正如,你不能定义豆腐脑究竟应该是咸的还是甜的,大家各执一词,不亦乐乎。于是,和谐社会就此产生。

如果要问,关系圈又有什么用,答案几乎石破天惊:它带来了最重要的资源。20世纪80年代,法国社会学家皮埃尔·布迪厄就将资本区分为"经济资本"、"文化资本"和"社会资本"。而文化学者熊培云指出,尽管对于社会资本目前还没有一个完整、权威的定义,一个共识是,社会资本是继物质资本、技术资本与人力资本之后的一种新的资本形式,是一种可资利用的社会资源,其意义在于通过强化或重塑社会关系(社会契约),社会能够从中获利。而这其中所指的"强化或重塑的社会关系而带来获利的过程",正是关系圈产生资源的理论依据。

尽管草根和精英的提法并没有确凿的合理性,其概念含义标准也并没有被清晰地界定。但如果非要区分草根和精英的区别，那么从现实层面来看，为了自我价值的实现（我们且不用"成功"这个功利感太强的词语），能够调动多大资源，绝对是成为所谓"精英"最重要的指标。而社交网络对创建关系、获得资源的建树功不可没。

众所周知，中国的关系已经成功地迈出国门，成为老外为之挠头的"guanxi"学。其实，西方的年轻人何尝不是一样呢，他们一样努力经营自己与社会的relationship（关系），这几乎是年轻人走上社会舞台上的必修课。在美国受欢迎的社交网站Linkedin上，大学毕业生、职场新人（也即美国的80后、90后）纷纷创建自己的主页，上传自己的简历，使出百般解数美化自己的特长和优势，绞尽脑汁创造机会毛遂自荐，渴望能与业界的大佬们产生互动，获得求职推荐或者被介绍新的发展机会。弱关系成为生产力，不管在何种层面、何种文化体制下，都是不可否认的事实。

下面讲两个故事，来看看草根ID怎样变身为网络知名红人，以及如何利用社交网络带给他们的影响力，产生新的、巨大的、基于关系的生产力。

新浪微博的用户对"作业本"这个ID不会陌生。拥有近400万粉丝的作业本在微博上走红之前并不是明星名家，也不是已经掌握资源的行业精英，只是一家不知名网站的营销总监，充其量偶尔写点小文章，有点口吐莲花的才情，常在微博上发一些"短小精悍，前言不搭后语"的无厘头语录，引人注意。

据说，令作业本一夜成名继而引发粉丝追捧的偶然事件，是2010年6月7日他的微博，将当年的全国高考作文和近期热点新闻事件与话题进行了对比："全国卷《深阅读与浅阅读》＝微博，上海卷《城市与我》＝世博，广东卷《与你为邻》＝非诚勿扰，江苏卷《绿色生活》＝低碳……"这条名为"有对比，有真相——2010全国高考作文题目真相！"的微博，在后来的统计中，收到网友回复2万多条，而被以各种形式的转发高达20多万次，其中不乏主流媒体的微博。

作业本织这条"围脖"时,他的微博年龄才刚好"半岁"。他回忆说,这一次大爆发之后,他的粉丝量瞬间大增,而他一直惯用的幽默睿智的语言风格和直率批判的原创段子,迅速得到大众的追捧,他也开始在微博上逐渐走红。

他的微博不是最有名的,但是有名的人都在关注他,其中不乏姚晨、陈丹青这样传统意义上的名人,姚晨甚至声称"若微博只能关注6个人,其中必有作业本"。他的微博不是粉丝最多的,但却是粉丝最活跃的,当他因发表过激言论被新浪微博销号时,有大量知名人士如李开复等为其奔走求情,呼吁解禁他的账号——而当他被封了80天之后归来,发表的第一条微博"想跟300万人拥抱",10分钟内转发超过3万次,一个小时之内,粉丝破300万。他无疑是新浪微博上最红的草根明星之一。并且,这种影响力也迅速蔓延到现实生活中:他的微博语录集结出书,已经出版上市;湖南卫视邀他去做选秀比赛的评委;由他担任编剧的微电影由明星担纲,已经上线——尽管作业本在微博上还常常用草根的身份自嘲调侃,但显然,谁也不会认为他还是一个草根。

再说一个草根变巨头的案例,准确地说,这是一个草根团队华丽变身的故事。知晓微博营销的人都知道有个知名的微博营销推手"酒红冰蓝",她真名为肖俊丽,如果说姚晨是"微博女王"的话,那么肖俊丽则是不折不扣的"微博女魔头"。她的团队掌控着全球时尚、欧美街拍、精选语录等多个高质量的时尚ID小号,保守估计粉丝数目已超过2000万人。

追溯起来,肖俊丽是中国的第一批网民,却也不过是一个只有高中学历的草根站长,从最早逛论坛到建网站,再转型做电商,她凭借对这个行业异常敏锐的嗅觉,利用新浪微博的平台,通过静心定位和苦心经营,一下变身为网络营销舞台上的明星,并成立了专门经营微博营销业务的公司山鲁佐德。公司的名字出自《一千零一夜》故事中那个充满智慧、勇敢、美好的女性形象,据称,肖俊丽的理想是有朝一日打败电商老大阿里巴巴,谱写自己的天方夜谭。

在充分享受到微博时代的甜美果实之后,她果断决策,不再单一依靠微博平台,转而开始与自己的团队与时俱进地着手组建自己的时尚类电子商务网站,并试图从微博平台导出流量,把自己掌握的全球时尚、欧美街拍等账号的近400万活跃粉丝导入网站中。此外,肖俊丽开始变身天使投资人,运营副业,寻找并支持好的新媒体创业项目。

"这是一个最好的时代,这是一个最坏的时代。"狄更斯《双城记》的这句话,放在现今时代再合适不过。酒红冰蓝的创业故事在其间独具借鉴意义——正因为敢于与社交网络这个巨人翩翩起舞,她才能站在新媒体和新商业的风口浪尖上,用智慧为自己赢得认可。

需要注意的是,社交网络也并不是哆啦A梦的百宝箱和万能机器,尽管它方便了人与人的交流,构建了最具效率的沟通平台,助益了青年一代的个体集群归属,给了我们更多发声、产生影响力的机会。但是,它对青年一代产生的负面效应也在不断被人诟病。著名网友、文化人和菜头曾在博客上发表了一篇《碎片化生存》的宣言书,宣布暂停使用个人的微博账户。因为碎片化微博信息的冲击,削弱了人们深度阅读和思考的能力,在他眼里,"现在这世界基本上已经成为一个由信息碎片所构成的大型显示屏——自己和一台自动机器没什么区别:用眼睛读取一条信息碎片,用机械臂做出转发、回复、跳过三种选择。这一过程周而复始,无穷无尽"。

像和菜头这样决绝地宣布和社交网络断裂,也许过于偏激,但是他对微博等社交网络的过度粘黏所导致负面结果的思考,却着实惊人一跳。传播学者魏武挥在自己的签名档中这样戏侃微博的功能:"在凡事懒得思考和探究的时代,我们拿微博度日。"我们不仅需要方便快捷的娱乐工具和交流工具,和世界连接,也需要时刻反省自己是否与社交网络过度粘黏,以至于影响了正常的社会生活内容,削减了自己正常的学习能力和行为能力。

此外，社交网络并未解决个体的孤独感和不安感，上网越便捷也许意味着现实生活中越疏离。英国心理健康基金会对英国 18 岁到 34 岁的年轻人作了抽样调查，调查结果显示，有 1/3 的人习惯在网络上和自己的家人及朋友联系，而非真正去探望他们、进行面对面交流。而研究孤独症的专家在调查报告中证实，人们面对面接触时，脑下垂体后叶会分泌一种类似催产素的荷尔蒙。这种荷尔蒙可以帮助人们减缓压力，提高信任感，甚至激发爱的感觉。然而，网络交流难以刺激大脑产生出这种荷尔蒙。如中国青年报的报道所说："社交网站把我们的人际关系变得简单、快捷，但其实它让我们变得更懦弱，更难与真实共处。我们沉迷于此，享受网络上的欢愉，最后却发现，越热闹越孤独。"

这样的结果略显讽刺——它伴随孤独一代而生，却并未解决我们战胜孤独的需求，从某个层面来说，社交网络甚至加重、放大了孤独一代的孤独。

最终，失去"交往荷尔蒙"的我们，也许会发现自己陷入和《社交网络》男主角一样的困境：坐在电脑前，通过某个网站找到了那个心仪的人，一遍遍看着她的头像，犹犹豫豫地加了她为好友，又一遍遍地刷新，期待着对方能通过好友认证。这一刻，尽管你前所未有地感觉自己生活在世界的中心，但更多的，却是深陷世界中心的孤独。

第十五章 / 在水泥地上种花,投身志愿服务和NGO事业

我们的行动就是我们最后的审判人。

——欧·梅雷迪斯

本章主要观点导读

/ 国际上给真正的志愿精神作出定义,一必须是志愿,二不为报酬,三是利他。简单来说,即,任何人自愿贡献个人时间和精力,在不为物质报酬的前提下,为有益他人、社会提供服务性活动和工作。

/ 如果我们追溯志愿活动在他国的发展历程,如在志愿服务活动蓬勃和志愿精神大行其道、被主流价值观接纳的美国,就会发现,早期的志愿服务是通过政府行为得以保障确立的。

/ "在水泥地上种花",这句话听上去既有几分神奇,更具几分浪漫,把看似不可能的事情,用坚韧的努力和创造变为现实。这句话也正贴切地形容了近两年来民间志愿者风潮和民间公益发展的历程。

/ 在这样的进程中,人们逐渐意识到——政府和公民原本就是社会秩序的共同维护者。

/ NGO在社会建设中的作用不容小觑……它的原动力正是志愿精神,是公民社会兴起的一个重要标志。

/ 公民社会组织是公民社会的核心要素,是公民社会的基础和主体,一个发达的现代社会需要发达的非政府组织

/ 哪怕你是草根,小角色也身负大使命,社会的未来在你手中成型。

2008年夏天一个深夜,我在北京打车回住的地方,听见电台里正播放一档情感倾诉类节目。对于年轻的、刚刚走上社会、被迫面对世界的我们,2008年那一年,新浪微博还没成立,人人网当时还叫校内网,总之,社交网络还不能那么及时地抒发感触、解决掉青春期难以忍受的倾诉欲。因此,在那一年,给电台午夜节目打电话、发短信还是一件有点时髦、有点小文艺小浪漫的事,也确实是效果强烈、安全又隐秘的情绪的抒发渠道。

当时,广播里传来男主持人温柔的嗓音,他正用符合午夜气氛的低沉声调读听众发来的短信。一个又一个的年轻男女,对一个几乎不曾谋面的陌生人,倾吐自己难以言说的苦恼和心伤。而不管他们表述的是什么内容和话题,都有一个核心的词,叫作"孤独"。

我心里凛凛一惊,觉得自己作为同龄人,迅速地被这种集体感受同化了。记得出租车当时正停在五道口的某个红绿灯前,隔着车窗向外看去,霓虹灯下往来穿梭的,都是附近高校的年轻学生和附近公司的年轻上班族,他们像潮水一样从道路的一头涌向另一头。异常热闹的世界随时伸开双臂迎接你的纵身而入。这种强烈的对比,让我在前几分钟被同化的孤独感达到极致。于是我也发了一条短信,不过不是给电台主持人,而是给我毕业前很相熟的一位老师。我认真地发问:"老师,为什么我感觉到那么孤独,有什么办法能够战胜这种孤独?"

那个我敬重的老师给出了答案,他说,每个人都是孤独的个体,这是无法摆脱的命运,当投身公共生活中时,孤独或可减轻。

对于每一个国家、每一代年轻人来说,孤独都像是一种绝症,时时刻刻如影随形。很难描述那种感觉,也许只有作家们能写出贴切的语言。台湾女作家朱天文说:"人生的绝对处,没有人能相伴、能帮助,最最是只有一个最最孤独的人,不凭借任何,不依傍任何……"甚至,获得也不能解决自己的孤独和缺失,作家廖一梅说:"人的缺憾就在于不断地要用外界的获得来填补自己的不安全感、孤独感等等,这种填补是永远填不满的。"

正如我们在上一章提到,即便四年后社交网络热情地拉近你与世界,却不能把你与实际生活相连,所以它并不是解决孤独症的良药。那么,解决孤独唯一可行的路径,也许是让自己与他人、与外界在更多实际层面上建立连接,包括和社会、国家关系的相连。

2008年真是一个值得书写、让人很难忘记的年份,不管是个体还是国家、社会,都发生了太多具有标志性意义的大事件。这一年,幸福和苦难交织,泪水和榜单辉映,奥运年的荣光和突如其来的汶川大地震给民族带来的悲恸,把每个人都卷入了对生命价值、生命意义的追问,以及对公民义务、社会责任等问题的思考——正如本书第八章"用公共精神来为"8090"打一场翻身仗"一章中所说。也许从这一年开始,对于"8090"来说,公民这个词不再陌生,我们不再局限于成为国民、人民,而希望成为公民。作为公民,不仅有一定的公民权利,更有一种公共参与的义务、一种公共生活的责任,做公共事务的热衷是对公民的基本要求。从这个角度来说,在2008年的回忆之中,最不可忽视的一个大件事就是:在缺乏自上而下的推行政策、势单力薄的前提下,当代中国社会的志愿者们以一股正式的团体力量,亮相社会舞台。

我相信所有目睹并见证过2008年的年轻人,都能回忆起那一年自己做过些什么。国际上给真正的志愿精神作出定义,一必须是志愿,二不为报酬,三是利他。简单来说,即,任何人自愿贡献个人时间和精力,在不为物质报酬的前提下,为有益他人、社会提供服务性活动和工作。从这个意义上来说,不管那一年你是身在北京给外国游客指过路,还是在某个小城市为地震灾民捐款,或者亲赴灾区自愿帮助灾民以任何形式解脱困境,哪怕你只是在某一些时刻感觉到自己身负"利他"的使命,以及共同承担社会苦难的责任,这都是一种志愿精神的萌芽。

不过,如果我们追溯志愿活动在他国的发展历程,如在志愿服务活动蓬勃和志愿精神大行其道、被主流价值观接纳的美国,就会发现,早期的志愿服务是通过政府行为得以保障确立的。

1961年3月1日,美国总统肯尼迪宣布组建一家志愿服务机构Peace Corps(和平队,也称和平团。一些国家也指责和平团是"间谍"、"新殖民主义者"等,认为其是为美国进行文化渗透和间谍活动的组织,对其进行怀疑和抨击。在中国,和平队以"美中友好志愿者办公室"的名义开展活动),以援助发展中国家。同年美国国会通过了其相关活动法案,对其进行了授权。肯尼迪号召美国年轻人去第三世界国家从事医疗、教育、农业、建设等方面服务性工作。按照法案规定,加入的队员需要为其义务服务两年,该组织的宗旨是:"促进世界和平和友谊,为感兴趣的国家和地区,提供有能力且愿意在艰苦环境下在国外服务的美国公民,以帮助这些国家和地区的人民获得训练有素的人力资源。"当时,由总统的妹夫萨根特·施利维尔出面组织了一个临时机构。肯尼迪要求国会,如果和平团计划被证实成功,就让他们再做长远打算。当时他预计参加志愿活动的人员大部分是刚走出校门的青年,参与人员有限,志愿工作的推进也许不会像想象中那么容易。

但是,其后几十年的历史证明,肯尼迪的决定是正确的,他动用政府力量保障的国际志愿活动成功地存在并运行至今。在第一批成行的志愿人员中,就有美国著名的运动员拉法尔·约翰逊。根据统计数据,截至2006年,先后有超过19.5万美国公民参加过和平团的工作,目前和平团在70多个国家有活动。尽管和平团在一些国家和地区遭到怀疑和指责,被认为是美国实施"新殖民主义"和文化渗透的工具,但不可否认,它的志愿服务在现实层面让很多落后国家和地区实际受益,同时把志愿服务的理念传播到了世界各地,也影响了一代又一代的美国年轻人。

这股思潮影响的甚至不只是那一代美国年轻人。中国台湾地区作家、舞蹈家林怀民曾在香港大学发表了一场题为"在水泥地上种花"的演讲。他也提到了那个年代美国的和平团活动对自己的触动。林怀民1969年去美国念书,正赶上1968年巴黎学潮刚结束,欧美的年轻人正肆意自在地表达自己对改变社会的愿景,他们以"make difference"为口号,认为年轻人应该积极参与社会活动,有责任为创造一个新时代而努力。林怀民的大学室友也加入了这一运动,休学一年去尼泊尔做志愿者。这段留学经历深深地影响了林怀民,他意识到,一个人及一项事业的前途,只有担负了一定的社会责任和使命,才更有积极的意义和价值。1973年,他创办了云门舞集,选择用舞蹈表达对家国命运的反思和思考,把一个人的命运和国家民族的命运联系起来。

"在水泥地上种花",这句话听上去既有几分神奇,更具几分浪漫,把看似不可能的事情,用坚韧的努力和创造变为现实。这句话也贴切地形容了近两年来民间志愿者风潮和民间公益发展的历程。

众所周知,2011年中国的官方慈善事业因与中国红十字会相关的郭美美、巨额餐费曝光等新闻事件陷入巨大的信任危机,捐款额和参与度急剧下滑;"中非希望工程"又遭遇了"是买卖还是慈善"的口水仗;杨澜、刘永好、陈光标等一个个知名慈善人物先后受到公众的质疑……正当人们越来越对官方、名人的施善行为感到不满之际,民间公益志愿者却一时间声势壮大、民间公益活动红红火火开展起来。

2011年春节,著名学者于建嵘在微博上发起"随手拍解救流浪乞讨儿童"民间公益活动,号召网友用手机拍下有被拐卖嫌疑的街头乞儿,上传到微博上以利解救。该微博经热心网友不断转发，形成了强大的舆论传播力量，并吸引了传统媒体的跟进与关注。网友们零碎的、非专业的行动，与公安部门、媒体、人大代表及政协委员等社会力量结合在一起，迅速形成舆论焦点。活动中间不仅有大量社会名人参与街拍，还有多个慈善基金参与进来，以求建立数据库和培训志愿者，各地警方也接连出警调查核实，公安部以及许多地方公安机关都明确表态支持这样的民间行动。在这项行动中，广大民间志愿者督促、帮助警方加大对"打拐"的重视与投入，而不只是袖手旁观。《人民日报》对此事件发表了评论："这一系列连锁反应，验证了社会力量的强大与智慧，也体现了政府部门对群众力量的认同与支持。无疑，充分重视社会力量在更多的领域内发挥良性作用，将助推社会建设的进程。"

还有一件著名的公益活动也在这一年收到奇效。由著名媒体人邓飞和500多名媒体人联合中国社会福利教育基金会，共同发起了一项名为"免费午餐"公益行动，倡议按照3元一餐的标准为贫困学童提供免费午餐，再次掀起一股民间扶贫助教的公益热潮。邓飞虽然是20世纪70年代末生人，但参与他掀起的这股公益热潮的，无疑是众多的"8090"。媒体人出身的邓飞很清楚公益的核心在于"我的工作只是告诉大家，我们将帮助什么人，为什么帮助他们，以及由谁去做、如何去做，请愿意帮忙的人参与，也请他们监督"。在相当规范的团队管理和高透明度的信息公开之下，这项工作进展得颇具规模，相当顺利，直接影响了国家政策层面上的认可。2011年10月26日，国务院总理温家宝主持召开国务院常务会议，决定启动实施农村义务教育学生营养改善计划，计划中首要的一项措施是：中央财政按照每生每天3元的标准，为试点地区农村义务教育阶段学生提供营养膳食补助。试点范围包括680个县(市)、约2600万名在校生。而国家试点每年需资金约160多亿元，全部由中央财政负担。

这些成功的案例，都充分说明了民间力量参与社会建设可以帮助政府作为，民间行动可以助推制度完善。尤其当大众力量通过与专业机构协作，通过与政府部门进行良性互动，自下而上的民间志愿行动可以影响到自上而下的决策，并上下结合以其智慧与理性形成强大合力，对社会建设起到重要作用。在这样的进程中，人们逐渐意识到——政府和公民原本就是社会秩序的共同维护者。

在这股旨在改良社会秩序的自下而上的力量中，NGO在社会建设中的作用不容小觑。NGO是英文"Non Governmental Organization"一词的首字母缩写，是指在特定法律系统下，不被视为政府部门的协会、社团、基金会、慈善信托、非营利性公司或其他法人，不以营利为目的的非政府组织。它不是政府，因此并不靠权力驱动；它也不是某个经济体，因此也不依靠经济利益驱动。它的原动力正是志愿精神。这是公民社会兴起的一个重要标志。

公民社会组织是公民社会的核心要素，是公民社会的基础和主体。一个发达的现代社会需要发达的非政府组织。

据调查，美国非政府组织总数超过200万个，经费总数超过5000亿元，工作人员超过900万人。如此庞大和活跃的NGO，是与美国"大社会，小政府"的制度结构相配套的。而在我国，根据民政部发布的统计数据，截至2010年底，我国已经有社会组织44.6万个、社会团体24.5万个、民办非企业单位19.8万个、基金会2200个，业务范围涉及科技、教育、文化、卫生、劳动、民政、体育、环境保护、法律服务、社会中介服务、工商服务、农村及农业发展、宗教等社会生活的各个领域，其中光是社会组织就业人员就达618.2万人，且逐年增长。其中除了国外知名的NGO组织在我国设有分支机构，如香港乐施会、美国福特基金会、英国救助儿童会、无国界卫生组织、绿色和平组织等，由我国民间自发组织并稍具规模和知名度的公益类NGO大约在300家左右，主要集中在环保领域、妇女领域、扶贫领域,如北京的"自然之友"、"地球村",天津的"绿色之友",南京的"太傅书盟",江苏的"绿色之家",昆明的"健康与发展研究会"等。由于我国对 NGO 注册的要求和标准较高,据《财经》杂志披露,"中国不登记的 NGO 数量要远远大于注册了的 NGO",可见在官方统计数据背后,显然还有更多隐形的非政府组织和团体、个人在投身 NGO 事业。

NGO 的风行,让投身 NGO 工作成为"8090"新兴的职业选择和事业追求。我的大学同学李艾,就是投身 NGO 行业的践行者。在一家中央级报社从事了 7 年时政记者的工作之后,她陷入了职业疲惫和倦怠期,想申请出国读书。于是辞去了工作在家复习外语,准备 GRE 的考试。闲居在家的时间,一个偶然的机会,因为朋友的推荐,她进入了国内一家保护水环境的小型 NGO 并工作了一段时间,逐渐发现了这项事业的乐趣和价值。随着资历的累积和能力的提升,她最终选择了放弃去国外求学的机会,加盟了乐施会,担任传播官员,负责乐施会各项活动的推广和政策传播。她去过西南、西北最贫困的地区,在当地推动农村扶贫项目。这些项目旨在帮助农民减少因气候变化带来的严重灾害,并与当地政府合作,帮助改变种植技术,并带动公众意识的提升,让农民自助管理其农业项目,借此影响甚至改变基层政府的施政模式。2012 年夏天,她又前往参加了在巴西里约举行的"世界环境发展大会",帮助筹备召集"可持续发展的公众参与新路径"的边会。一次,我在网上看到了她的工作视频,她正以流利的外语,为乐施会大使、演员海青担任翻译,介绍公益扶贫项目。我相信,她所收获的已经远远超过出国读书,当初选择加盟 NGO 事业,被证明是一个无悔的选择。

尽管 NGO 的潜在作用和社会效应正引起越来越多的关注与探讨,但总体上跟西方发达国家相比,我国 NGO 的发展在还处于启蒙状态。其价值实现与角色转变正面临着诸如管理途径的失范、自身制度的缺失、组织独立性的缺乏、社会自治观念的薄弱等诸多制约,而这些正需要大量优质青年投身其中,奉献自己的精力和热情使其不断得到完善。哪怕你是草根,小角色也身负大使命,社会的未来在你手中成型。

有所为,是青年公民们责无旁贷的使命。

第十六章 / 加强"自我管理",谁说草根不可逆袭

伸手摘星,即使徒劳无功,亦不至满手污泥。

——李奥·贝纳

本章主要观点导读

/ 在开始行动之前,好好问自己三个问题:我想要什么,我为什么想要,我想怎么做。

/ 检阅自己的动机,重于检查自己的方法;用结果驱使行动,不如用价值驱使行动;细节决定一切,不如轻重决定一切。

/ 信息时代无处不在的资讯来源、娱乐王国无孔不入的声色诱惑、太快更新太多选择的生活方式,都可以轻而易举地分散掉我们在追求最初目标过程中本可以专注的执行力。不在繁复琐碎的细节上耽误太多时间,才能在最重要、最具备价值的任务上做到真正完美。

/ 现代人最重要的能力就是自我管理的能力,自我管理有很多内容,如,对自己时间和精力的管理——如何在有限的时间里创造价值;对健康的管理——如何在有限的生命里创造价值;人际关系管理——如何在有限的资源里创造价值,等等。

/ 成功有不同标签,并非出人头地才是成功,内心的富足和自我价值的确认也叫成功;金牌固然重要,但为了应付现实生活的挑战和命运的逼迫,成为强者更为关键,适者生存还得审时度势,强者生存则毫无悬念。

/ 但不管通向哪种形式的成功路,途径只有一个,那就是足够的努力,当你失望、受挫、倍感沮丧和委屈时,可以试图扪心自问,我真的够努力了吗?我为心中的梦想付出足够多了吗?

如果你真的想完成一件事，那么全世界都会来帮你。这句话听上去像戏剧台词，但是现实世界已经上演过无数次比戏剧还戏剧的追梦故事。

我们都知道，2012年初美国有一个鼓舞了全国人民的追梦故事，故事的主人公叫林书豪，他是个黄皮肤的华裔男孩。出生于1988年的林书豪，本来是NBA纽约尼克斯球队一个即将被淘汰的板凳球员。队里主力因伤缺席，他意外地获得了一次上场机会，结果拿下全场最高分，帮助球队获胜，奇迹般地上演了"一球成名"的神话传说，并且一发不可收拾，带领着纽约尼克斯队创下七连胜纪录，还伴随着不断刷新个人得分、助攻等各项数据。美国当地时间2月14日情人节当晚，他在一场比赛中上演了最后十秒钟三分球绝杀逆转，把这个神话捧到了极致。不到一个月的时间里，他从一个默默无闻的小子迅速成为全世界扬名的超级明星。这个故事的离奇和疯狂令人瞠目结舌，据说任何一个好莱坞编剧都交不出这样的剧本：一个无名小子在11天内拉动一个最破球场的股指猛涨1.36亿美元；一个人物一飞冲天到连总统奥巴马都在咋舌"真是一个伟大的故事"。

而在光速走红的光鲜背后，这个故事主人公却经过了无数次的失败和挫折，以及太久太艰难的蛰伏期：先是2010年选秀落选，得到过一份合同，未满约即被解聘；其后他又加入一支球队，却在一个月内从未出场再次被解约。一个二十出头、富有天赋的少年，总是遭遇最难堪的忽略和轻视，打不上球，总是被球队裁掉，不仅是板凳球员，而且被媒体说成板凳上最后一位，又名饮水机管理员。最艰难时，他像每一个普通少年面对内心低潮无助时那样，躲在被窝里偷偷哭泣，无助地向冥冥之中他信奉的上帝祷告追问："为什么我要经历这些？"

他并非不够努力，他流下的汗水一点都不比别人少。他并非没有成功的天赋和机遇，他在高中联赛时就能一人在单场独得32分成为MVP(最有价值球员）。上大学时他则被著名的哈佛大学录取，并改写了哈佛校篮球队的记录，光明大道已经铺设在脚下。那么，"为什么我还要经历这些"——每一个试图用努力达成目标却中途一再被击倒的人，都会提出这样的疑问：为什么我要经历这些？

林书豪没有放弃自己的初衷，他克服一切困难顶住各种压力，坚持到了最后。他是这么解决自己的疑惑的——他找到了自己的动机："我追问自己，我想进NBA，是因为我要很多钱吗？是因为我要荣耀和名声？这里有很多内心的自我反省，来检查我的心和我的动机，基本上是如何定位我的信仰。因此即便受挫之后，有了我心中的平安，就算事情出了差错，我仍然坐在那里，仍然可以醒过来，可以微笑面对，一切都会变好。"也就是说，他知道自己为什么要付出努力，怎么专注于自己喜爱的事情，他为荣耀打球——不是世俗意义上的功名，而是内心的平安喜乐。放下了为了功成名就的我执，他因而从未放弃自己行动的动机，他有坚定的信仰，也知道自己为什么而坚持。他公开说，如果不打篮球，就去选择做社区工作，服务低收入人群。他知道如何摆正自己的位置，也愿意把这种能量传递出去。而最重要的是，他从信仰和学习中懂得了个人和社会之间的联系。

林书豪的故事告诉我们，心中的动机和梦想才是驱动行动的关键。从这一点出发，一个容易被大多数人忽视的经验是：行动的动机，往往比你行动的方法重要得多。

没有人会怀疑，足够的坚持和努力当然会带给你想要的一切。一切行动在开始之前的思考路径，无外乎经历这三个阶段的自我发问：一，你究竟想要什么；二，你为什么想要这个；三，你决定怎么做。

你究竟想要什么——这是目标。与其说是目标，不如说是目标事物在你心中的价值衡量结果，具备理性和判断力的"8090"，大多数是不盲从集体价值观而拥有独立思考能力的一辈人。他们只为那些自己觉得有价值的事情而努力，而这几乎是我们愿不愿意投入行动最重要的考虑。因此在制定自己目标的过程中，用结果驱使行动，不如用价值驱使行动。将你认为最有价值的事情放进自己的"人生清单"，你会发现，目标会因此更具吸引力。

你为什么想要这个——这是动机。人的行为动机有很多种，物质奖赏也好，精神愉悦也罢，行为结果所带来的某种回报，往往是动机的源头。

你决定怎么做——这是方法论。通往成功的路径有很多种，抛开传统意义上的成功学励志道路，其中有一个观点需要更新，与其说细节决定成败，不如说轻重决定成败。呈现在我们面前的这个时代已经是一个太多元的时代，信息时代无处不在的资讯来源、娱乐王国无孔不入的声色诱惑、太快更新太多选择的生活方式，都可以轻而易举地分散掉我们在追求最初目标过程中本可以专注的执行力。不在繁复琐碎的细节上耽误太多时间，才能在最重要、最具备价值的任务上做到真正完美。

除了孤独，"8090"也可谓是最纠结的一代，他们永远在矛盾、困惑、两难中选择：读书重要还是实践重要；在大平台打工重要，还是自己白手起家创业重要……在诸多的方法论中，有一条对于年轻一代尤为现实，对自己的教育、学习的投资永远值得并必有回报。

比尔·盖茨和乔布斯中途辍学创办了举世闻名的公司，但这并非说明现代学历教育对成功没有助益。我们来看乔布斯去世后，接管乔布斯的新一任CEO，蒂姆·库克（Tim Cook），他在奥本大学念的本科，是杜克大学的MBA（工商管理硕士）。而他领导下的苹果公司现任苹果各业务口的主要掌权人，如零售商店总监罗恩·约翰逊（Ron Johnson），是剑桥大学的本科生及沃顿商学院的MBA；主管软件的副总裁克雷奇·费德勒齐（Craig Federighi），是加州大学伯克利分校的硕士；负责IOS软件的斯科特·福斯特尔

(Scott Forstall),是斯坦福大学的本科生和硕士生;Mac 的掌门人鲍勃·曼斯菲尔德(Bob Mansfield),毕业于德州大学奥斯丁分校;CFO 财务大管家皮特·奥本海姆(Pete Oppenheimer)毕业于加州理工大学;运营副总裁杰夫·威廉斯(Jeff Williams)则是杜克大学的 MBA。他们清一色全是美国名校毕业。

即便受过良好的教育和拥有丰富的人生资历,那些在某个领域做出不凡成绩的精英们也得付出比常人多几倍乃至几十倍的努力,才能有所成就。有记者采访洛杉矶湖人队著名的球星科比,问他为什么能那么成功,领着别人一辈子都赚不到的年薪,科比反问记者:"你见过凌晨 4 点钟的洛杉矶吗?"记者说没有,科比答道:"我每天都能见到。"

除了一般意义上的努力,他们还得拥有高超的自我管理能力和高效的工作技巧。而现代人最重要的能力就是自我管理。自我管理有很多内容,如,对自己时间和精力的管理——如何在有限的时间里创造价值;对健康的管理——如何在有限的生命里创造价值;人际关系管理——如何在有限的资源里创造价值,等等。这都是对自己的把握,也是让梦想照进现实的关键。

2012 年 9 月,一张"清华学生马冬晗的计划表"风靡了各大网络,成了网友们膜拜的"神器"。1989 年出生的清华大学精仪系博士一年级学生马冬晗,是清华特等奖学金的获得者。她的一份成绩单显示:《电工与电子技术》等多门功课成绩在 95 分以上,其中还有满分,她三年总成绩班级第一,各种科研、竞赛获奖 28 项。令人称奇的是,她的双胞胎妹妹马冬昕同样优秀,姐妹俩不仅学习成绩好,综合素质也非常高。马冬晗是精仪系首位女学生会主席,还是系乒乓球队、羽毛球队、排球队队长,还能跑马拉松、主持晚会、朗诵诗歌;妹妹马冬昕则担任过校学生会副主席、系学生会学习部长、班长,甚至还当选了海淀区人大代表。

而姐妹俩这张成绩单的背后,是一张张被网友们戏称"比国家领导人还忙"的学习计划表支撑的。她们把每天的时间都切割到了每一个小时,何时做微积分的习题,何时开班会,都精确到分钟,连午休的那一个钟头都能挤进去两三件事,睡觉也只留了5个小时。早上6点起床,锻炼,早饭;中午11点25分至13点20分吃午饭,打印课件……20点55分至22点30分做习题,复习物理;22点30分至23点听CNN(美国有线电视新闻网)英语。这张计划表在网上被广为传播之后,媒体采访姐妹俩,问道有没有觉得这样的学习计划很疯狂,马冬晗则轻描淡写地解释:"制作计划表对我的帮助很大,所以我只是给大家提供一个比较好的学习方法,我觉得很正常的事,没想到被人热议。可能很多人不了解清华,不理解清华的学风。"

而有意思的是,同样是在清华,其BBS上有这样一篇文章《我们离世界一流大学还有多远》,一名清华大学的学生发出了这样的感慨:"清华学生苦,美国顶尖学校的学生更苦。"起因是作者去美国名校交流了一段时间,发现对于哈佛、普林斯顿这样名校的学生来说,每天4到6个小时的睡眠时间是很正常的事情,凌晨2点到3点是普遍的上床时间,上午有课最晚9点就得起床。睡眠几乎是件不得已而为之的事,如果喝杯咖啡能顶过去,能不睡就不睡了。吃饭也是尽快吃完,随时掏出电脑来准备展示PPT、看课件、写论文。相较之下,中国大学生普遍在上大学前对大学学习之辛苦程度的预期偏低了,认为辛苦地通过高考的选拔升入重点高校之后,可以好好放松一下。而相较之下,美国的名校学生们对自己的预期较高,他们都认为自己将来出去是要做美国的青年领袖的,因此时时刻刻都抓紧时间给自己充电,为未来储备充分的实力,挑起栋梁的责任。

除此之外,对这些未来的青年领袖来说,虽然休息时间很少,但还得积极参加各类社会活动,锻炼自己与人打交道的能力,经营管理自己的关系网络。很多名校的学生声称,他们宁愿把作业放到半夜12点以后做,也会愿意用9点到11点这段时间去参加一些交际的活动或是交流会。

有人也许会发问,如果我并不想成为青年领袖呢,我只想做一个对社会有所裨益的普通人。这个社会同样是自由的、多元的,每个人都拥有对自己生活方式的选择权,这一点毫无疑问。这个社会的千姿百态早已让人着迷,成功和行动本身也有太多标签,并早已为那些选择焦虑症患者给出了答案——并不是声名显赫处于镁光灯的中央才叫成功,不是非得标新立异干出轰轰烈烈的事业才叫行动;而任何一种你假以努力从而实现的圆满都可谓成功,任何你甘心选择的生活方式也都是对你来说最合理的生活方式。乐意在写字楼里穿梭奔走,抑或在小客栈晒太阳喝茶,都是你的自由。内心的富足和对自我价值的确认,才是强大的人生所需要的。

但有一点是共通的,我们都需要成为人生的强者,因为生活的挑战和命运的逼迫无时无刻不会降临到每一个人身上。如果不想成为世俗意义上功成名就的"成功者",你也需要成为掌握自己命运、自由决定生活选择的"成功者"。甚至,后者的意义要比前者重要得多。而成为强者,很多时候需要你不以功利的目标至上,而是以高尚的动机和非凡的智慧去舞动生活和事业的旗帜。

适者生存还须审时度势,强者生存则毫无悬念。这一点,在功利主义至上的竞技体育界所发生的故事尤为典型。著名金牌教练员、羽毛球教练李永波在接受中央电视台采访时谈道,金牌是最重要的。正是在这种"金牌至上"的观念指导下,中国羽毛球队两名队员,在2012年伦敦奥运会上因"消极比赛"被取消了比赛资格,举国喧哗。同样是在2012年伦敦奥运会上,中国的男子花剑取得零的突破,出生于1984年的年轻运动员雷声获得了中国首枚男子单人花剑冠军。雷声的教练叫王海滨,也曾是男子击剑著名运动员、奥运会的银牌得主。王海滨教练在一个公开讲座中分享了自己的一个观点,叫作"做王者不如做强者"。当大多数运动员和教练员埋身于艰苦的训练场在伤病中摔打时,王海滨带领自己的弟子雷声另辟蹊径,将他送进了北京大学的校园。运动员进名校挂名深造并不稀罕,稀奇的是王海滨要求自己的弟子住在学生宿舍,而不是运动员宿舍,每天在校园和训练场之间往返,既不能耽误正常课程,又要按照他需要的训练量安排训练。身为70后,运动员王海滨经历过那个时期特有的困境和不得不走的弯路。当他执起教鞭之后,他深知,没有良好的综合素质,有了目标拿到金牌也不意味着人的成功。为了更好地与欧洲击剑界沟通交流,他本人专门进入大学专修法语;为了更好地从运动员转型为教练员,他进入体育院校拿到运动训练学的博士学位。竞技场上的金牌固然重要,但是把运动员培养成社会上的强者更为重要。据说雷声正在准备申请美国大学商科的研究生,他的人生从体育起点,但将在更广阔的道路上越行越远。这一切,是因为"强者理论",而不是金牌。

  而在美国,这种既是竞技场上的胜者,又是生活中的强者的案例则更多。林书豪参加哈佛的入学测试时,哈佛篮球队的教练直截了当地告诉他,在哈佛,不管你是谁,都不可能得到优待,这里不提供专供特长生的奖学金,也不会因为你球技出众而降低录取标准,学业耽误了一样挂科不能毕业。我在哈佛采访时,哈佛体育部信息主管曾经得意地跟我介绍,他们的橄榄球队有一位出色的橄榄球队员,毕业之后成为了一名出色的高音歌唱家。因为他在哈佛的四年,除了完成繁重的工作和球队艰苦的训练,每天课余,都要抽出别人休息的两个小时,开车去声乐学校学习声乐。最后,他在波士顿著名的 Symphony 音乐厅,举办了个人的演唱会!

总之,不管通向哪种形式的成功,选择何种人生道路,通向内心坦途的路径只有一个,那就是足够的坚持、学习和努力。当你在现实生活中屡屡失望、受挫,倍感沮丧和委屈时,你可以试图扪心自问:我真的够努力了吗？我为心中的梦想付出足够多了吗？伸手摘星,只有站得足够高,伸得足够远,星光才会在指缝熠熠生辉。

第十七章 / 做有常识的草根,谨防强势话语的蒙骗

在这个时代的青年,能够把自己安排对了的很少。越聪明的人,越容易有欲望,越不知应在哪个地方搁下那个心。心实在应该搁在当下的。

—— 梁漱溟

本章主要观点导读

/ 历史告诉我们,知识只有在更人道的情况下才能成为社会的福祉。

/ 公共道德一旦缺失,就会让社会大众成为"没有人性"的冷漠路人,同样的"见死不救"惨剧,上演了不一样的续集。

/ 假如世界是一片淤泥,选择做泥鳅,还是选择做莲花,这在很大程度上取决于一个人的独立及理性思考能力,不被盲目的潮流裹挟,用独立和理性明辨是非。

/ 常识用于认识社会公共事务时,有时是来自于职业的规范素养,有时要求把复杂的事件、角色简化,回到出发点去看初衷。

/ 忘记什么都了解的神话,承认不知道也是一种姿态。

/ 先成为常识的粉丝和传播者,认清新一代青年所必须担起的与家国之间的联系,行使公民的权力、践行公民的义务,你才可能以小人物的姿态创造更多更大的正能量。

二战期间，纳粹集中营一位幸存者在目睹亲人被有知识的学者用先进的技术杀害之后，给自己的老师写了这样的一封信：

> 亲爱的老师，我是集中营的生还者，我亲眼看到人类所不应该见到的情景：毒气室由学有专长的工程师建造；儿童被学识渊博的工程师毒死；妇女和幼儿被受过大学教育的人们枪杀；看到这一切，我怀疑教育究竟是为了什么。我的请求如下：请你帮助学生成为具有人性的人。千万不要以你们的心血造就一帮学识渊博的怪物、训练有素的精神失常者、受过高等教育的屠夫。只有在人道的情况下，读写算的能力才有价值。

如果你觉得，集中营只不过是因为残酷的战争年代才出现的如此极端、反人性、不人道的悲剧事件，那么再说一个发生在现今你我身边的悲剧。2011年10月13日，2岁的女童小悦悦（本名王悦）在广东佛山南海黄岐广佛五金城相继被两车碾压。惨剧发生之后，更大的一幕惨剧发生了，7分钟内，一共有18名路人路过并看到了受重伤的小悦悦，但都视而不见，漠然而去，直到最后一名拾荒阿姨陈贤妹发现，上前施以援手，将小悦悦送至医院。虽经医院全力抢救，小悦悦最后还是因为伤势过重医治无效而死亡。

从小悦悦被第二辆车碾过到陈贤妹救人的过程，恰好被事发地旁边一间劳保店的视频监控记录。这段视频也拍下了在陈贤妹之前路过的18个人的全部举止。从这经过的18个路人中，有径直从小悦悦脚边经过的，有看见之后拐弯绕行的邻里，有躲着走的成年人，有开车经过却熟视无睹的年轻司机，甚至还有看了两眼却没有停步的带着孩子的母亲。在一个本该孔孟仁义之道占主流的国家里，任何一个有良知的同胞，都会对该事件中折射的国人冷漠表现惊愕到不能自已。

除了在国内引起巨大的争议,该事件甚至引起了日本、美国等众多国外媒体的关注。朝日电视台在一期时政节目中,用了两分钟的时间用演示图板解释了事件的前因后果,讨论中国社会的道德问题;美国的电视台对此事也做了报道,并特地制作了专题片抨击了在中国发生的见死不救。观看节目后很多观众都表示十分可怕。我在美国进修期间,数次与陌生的美国朋友聊天时被一再追问:"小悦悦事件"是真的吗?真的发生在他们心目中友好、传统、善良及热情的中国吗?

在美国,尤其是生活在"乡下"的居民,因为社区邻里之间联系紧密,人们之间的互助十分普遍。在我所居住的德克萨斯州,因为地广人稀,居民出行都以车代步,记得我刚去学习时偶尔步行到学校对面商场买东西,路途中常有热心的本地人停车来问我需不需要捎一段路;我在加州自驾旅行时,曾经因为租的车性能不太熟悉,夜晚在一个社区门口出了点故障,一对经过的年轻情侣不仅主动帮我检查了汽车性能,排除故障,还热心地要送我和朋友返回40公里外的酒店。除此之外,美国的安全和警察部门非常高效,紧急救助系统也十分完善,美国有些州的法律还规定,如果发现陌生人受伤时却不打"911"电话,就可能构成轻微疏忽罪。所以说,"小悦悦事件"在他们看来十分不可思议。其他有些国家还制定了关于公共救助更为严格的法律条文,如法国在1994年修订的《法国刑法典》,其中的"怠于给予救助罪"的内容是:"任何人对处于危险中的他人,能够个人采取行动,或者能唤起救助行动,且对其本人或第三人均无危险,而故意放弃给予救助的,处5年监禁并扣50万法郎罚金。"

那么,这件事的发生究竟是因为现代的中国人已经异化成一群没有公共道德的麻木看客,还是因为我们没有更具有约束机制的法规和更有效的社会服务系统？抑或是，全世界人们都有从众和责任分散的人性弱点？这场争论，需要人类学专家、社会学家们花费点时间细细剖析。我们先来看同样发生在美国的一个"见死不救"的故事，看能否得到一些启发。

2008年5月30号下午5点，美国康涅狄格州的首府哈特福德发生了一起车祸，现年78岁的老翁托里斯被两辆相互追逐的本田车和丰田车撞倒，满身鲜血地倒在了路边，随后肇事司机迅速逃逸。托里斯倒下后一分半钟，共有9辆汽车从其身边驶过，但却没有人下车查看老人的生死。路边的行人目睹了事故之后也无动于衷，直到一辆巡逻警车从事故现场经过，才将老人送到医院，但最终老人因伤重不治身亡。这起事件在当地引起了轩然大波，舆论对众多路人见死不救表示愤怒。普通民众、媒体和政府官员批评说，放任受伤老人横卧路上反映出当地人的冷漠，对身边的人和事都漠不关心，令人不寒而栗，很多人都质疑："我们的人性和互助精神到哪里去了？"

这一切和"小悦悦事件"是如此相似。所不同的是，在事故发生后的1分钟里，有4个人拨打911报警。当时经过的路人被媒体采访时声称，都"怪"警察来得太快，事发后一分半警察就赶到了现场。尽管如此，哈特福德警察局局长仍发表了自己充满愤怒的讲话："人们怎么会这么没人性，这实在是不可思议。"在媒体的带动下，哈特福德开始了一轮"寻找灵魂"的大辩论。而在市长的支持之下，2008年夏天，哈特福德成立了两个全新的组织："哈特福德犯罪阻止者"和"哈特福德关爱者"。当地媒体评论说，"这都是老托里斯留下的'遗产'"。前者，由当地社会名流提供了1万元的奖励基金，并由市警察局来运作。这个机构会为举报犯罪者提供至少1000美元的奖励。也就是在这样的背景下，碾压老托里斯的真凶最终被举报归案。而"哈特福德关爱者"则是一个公益性质的组织，旨在增进当地居民之间的联系、沟通，加强责任感，如召集名人及志愿者一起进行有益于社群的活动。总之，老托里斯身上的惨剧让人们看到了这个城市的冷漠,而要破除这种冷漠需要加强社群建设,需要加强每个公民的责任感。哈特福德政府、媒体、社会名流、公民个体都在努力。

因为没有美国那么发达的NGO组织系统,"小悦悦事件"自然也无法实现哈特福德案件的后续影响效力,但悲剧发生以后,小悦悦父母得到社会上很多善心捐款。他们将其中的捐款转而捐出,继续帮助其他社会上需要救助的儿童。而事发10天后,广东佛山近280名市民自发聚集在事发地点悼念"小悦悦",宣誓"不做冷漠佛山人",并发布倡议书,号召:"拒绝冷漠,传递温暖。如果那一天是你、是我,我们一定要停下自己匆匆的脚步,拉她离开街心;我们一定要伸出各自的援手,将她抱离险境。这是本分,更是底线。"并呼吁"全社会都来向冷漠宣战,都来将温暖传递"。

如果说,对生命的冷漠会导致对他人生命无法挽回的伤害;那么对心灵的恶和攻击,则会让自己的灵魂陷入难以救赎的深井,而在当代中国社会,这种心灵的偏移,以令人无法察觉的速度愈演愈烈。

2011年因"红十字会事件"而成为网络名人的郭美美,时隔一年后,在自己的微博上发表了一段无论是用词还是语法都破绽百出的中式英语,引发了网友的围观、戏谑和调侃,网友们将郭微博的简单英语单词,用各式中文语言,演绎成了各种刻意曲解和恶搞的含义,对郭美美进行了恶意嘲讽和包含性语言的羞辱。仅仅一个晚上,这一条微博被转发超过20万次,其中不乏名家大佬、知名文化人士。每一个参与者在此事件中都用一种近似"狂欢"的姿态,用一种无底线的演绎诠释方式,获得一种道德审判及性语言攻击的快感。当然,他们可以说,他们羞辱的并不是一个人,而是被郭美美事件波及的中国红十字会。

有学者认为这起翻译事件不过是网友的恶搞,不足为奇,"一个文本一且存在于网络上，它就是一个开放性文本，因为网络赋予了大众书写的权力"，"中国网络人口的年龄是年轻的，30 岁以下网民占据了一半。年轻人对恶搞之类的事热衷丝毫不奇怪"，而且闪烁着人类的智慧，"而这种智慧，恰恰是对某些现实的'反叛与颠覆'"。

但是，他们都忘记了，任何人都没有权力用网络平台上仅有的微弱话语权，去无底线地攻击另外一个人，不管他是谁，也不管他代表的是谁。在一个公民拥有基本法律素养的国度，人们会明白，即便一个死刑犯，也拥有一定的人格，比如他无须接受看客们的再审判。而对人的尊重与对集体的憎恶则完全是两码事，法国人讨厌政府，可以向总统扔鞋，但是民众不能当众扒下总统的衣服。也就是说，恶搞有底线，它不能触及对人格的尊重、生存权的保障等基本规范。网络世界的自由是指传播形式和表达形式的自由，而不是道德的自由。因此，"杜甫很忙"属于恶搞，"问元芳"也属于恶搞，"一个馒头的血案"也是恶搞，这些恶搞是网络语言一种娱乐形式的创造，属于网友利用网络平台附加个人创造力的智慧闪现。恶搞的内容也未曾触及对人的攻击和诋毁。在一个多元价值观盛行的时代，未曾超出普世价值观范畴的属于智慧创造；超出的部分，当道德谴责和道德自省不起作用时，应当被纳入法律范畴。如郭美美"翻译事件"中那些恶意传播并用性语言调笑她的人，郭美美完全可以向其提起控诉，这绝对属于语言上的性骚扰。当然，郭美美没有这么做，她作为娱乐人物，也许她本人并不在乎这种骚扰，也许她在借助网民的狂欢实现新一轮的"声名远扬"，这是我们不得而知的另一个话题。但不管如何，如作家庄雅婷在微博里说的那样："无论环境多么不堪，旁人有多少把柄和漏洞，都不是自己也顺势自甘堕落的理由。"

在郭美美"翻译事件"的狂欢潮中，一些颇具理性思考、拥有影响力的微博名人也纷纷基于人道和文明的立场出声制止这次网友狂欢。庄雅婷总结了这起网友狂欢所暴露出的网民的无理性和盲从。她用了一个很有趣的比喻:"就算世界是一片淤泥,选择做泥鳅和莲花也是有得选的,跟大环境关系有时还真没那么大。"

就算世界是一片淤泥,选择做泥鳅,还是选择做莲花,这在很大程度上取决于一个人的独立程度及理性思考能力。在各种各样的网络狂欢事件中,不难看出,在公民素养缺乏的现阶段,网络呈现的仍是一种乱象。被转发最多的,往往是裹挟着极端愤怒、带有偏激表达形式的言论,稍微理性些的声音难以得到大众的好感,反而是那些不自知的攻击和贬损被包装成思考者的言论后,却得到网友的广泛赞同和拥护。尤其是当一个社会里个体的附属心、从众心太过茂盛时,思考中的"独立""理性"二词,应该成为个人的修养标准。而独立的思考、理性的认识往往显得不那么特别、新鲜以及诱人,相反它们貌不惊人、既不炫又不潮,显得那么普通、平常,它们往往来源于一种最具生命力和最有价值的知识,即,常识。

常识是什么?常识又称通识,英文为 common sense。托马斯·潘恩的《常识》称之为美国民主解放历程中启迪民智的重要推手;梁文道出版了一本随笔集《常识》,将他的时评收纳其中,他在自序中说:"我以为自己所说皆不脱常识范围,没有什么故作深刻的东西。并非自谦,这其实是严格的自我要求。"他举了个幽默的例子:"如果我今天只是想要知道一把剪刀为什么剪不断毛线,你实在用不着向我介绍工具与技术的本质,也不必在这里花时间找出一堆很深刻的物理学解释;你只需要告诉我这把剪子是不是太钝了,甚或干脆换把新的给我。"

常识用于认识社会公共事务时,有时是来自于职业的规范素养。例如,在新闻报道中,常识体现的应该是职业规范,应该是国际同行有约在先的从业条律,如:灾难报道中要保持同情之心,对待自然灾害、交通事故、战争、犯罪事件受害者及其家人,采访活动不应增加生者痛苦;杜绝任何对灾难的娱乐化表达;记者不以噩耗报告者身份出现在受害者家人面前;尽量避免以特写展示死难者亲属悲痛欲绝、痛苦失态表情。媒体从业人员要掌握这些常识,避免以争议的节目博得眼球。

有时,常识来源于你把复杂的事件、角色简化,回到出发点去看初衷。举例来说,伦敦奥运会上的羽毛球让球事件引起轩然大波,很多人指责李永波及其弟子亵渎了体育精神,也有人为李辩解,说合理运用规则漏洞也是竞技的智慧和技能。那么这个争论中,常识在哪里呢?常识在于,一场奥运会的羽毛球赛,不说它是哪一轮比赛,以及是哪一场金牌争夺,它的本质应该是一场高水平的竞技比赛,当双方运动员站在网的两侧,站立不动故意不接球,引起周围观众的哗然,这就不是"消极比赛"那么简单,它违背的不叫作体育精神,它违背的是运动员站在赛场上的初衷——作为一个运动员行使竞技者的角色。

尽管我是微博的热爱者和推崇者,我也对它作为社交网络帮我们这一代人成功界群、争论发声感到由衷的感激。但有一阵子微博的确让我感到厌倦:漫天谩骂的网络语言暴力、毫无理性的跟风盲从、对是非施以狂妄自大的判定,更可怕的是,让人身不由己卷入其中成为自己也痛恨的那一类。后来慢慢意识到,微博实际是一部社会通识教程,因为大多数时候辨别真伪的方式其实很简单,那就是:依靠常识。常识让你不犯基本错误,而这已经很了不起。常识来自于实际生活经验和可信知识的获得。判定刘翔是否负伤,如果你具备运动伤病基本知识、有过竞技运动经验,哪怕仅依靠真伪难辨的电视画面也能得到答案,当你不具备相关知识,你应该做的是向可信任的知识源求助。甚至,做真相求证者固然荣耀,但能够先说"对不起,我不知道,这个话题我没有常识经验来解答"则更让人觉得可敬。据说上海的一些学校就作了这样一种实验,他们在学生的试卷中采用了一种新的答卷模式,在选择题的答案中增设了"我不知道"选项,勾选可得一分,答错则为零分。该举旨在让学生诚实,这种告诉孩子们"承认无知并不可耻,可耻的是谎言和自负"的教育方法,让人惊喜,因为这样朴实的是非观,实在是下一辈人的福音。

作为仍属于草根、社会阶层中位于劣势、不具有社会资源和话语权的"8090",如何才能不被处于强势的那些声音蒙骗,那就是,自己双眼看过才比较算数。当你看到纽约第五大道旁也有热狗摊和垃圾,你就不会动辄抱有对繁华都市的美梦幻想;当你看到盐湖城冬奥会场馆十年后也搁置无用,你就不会不作调查就指责为何只有北京某体育馆被废弃浪费税收。当然,这不是让我们对世界不作判断不作建设性的批评,而是让你明白,这个世界上的人和事,大多数是常识部分,制度体制文化习惯什么的,只能放大或缩小某些部分。只有走出自我狭小的格局和境地,走到世界的其他角落,亲眼观察其他人的生活方式,你才能作出清晰的比较和认识,不再想当然地批评、指责以及谩骂,认识理解比评价论断有用得多。先成为常识的粉丝和传播者,在普世价值观指导下,认清新一代青年所必须担起的与家国之间的联系,行使公民的权利、践行公民的义务,你才可能以小人物的姿态创造更多更大的正能量。

PART 4

第四部分
全球婴儿的公民诉求

许　骥（中国香港）

世界早已走向中国,中国也在走向世界。中国和世界早已不是截然对立的两个概念,可以互通有无。

比起前辈,"8090"恰恰是在全球化背景下成长起来的。他们有全球视野以及全球意识,彼此之间,也较有共同语言。

无疑,他们都是"全球婴儿",也就是说,全球化的婴儿。

这也注定着中国的"8090",在走向世界的过程中,境遇与过去的中国人很不一样。

"五四"一代和20世纪80年代出国留学的一代,都经历了"打开国门"的关键时刻,背负了整个民族的寄望出国。

他们身上的包袱越多,就越束手束脚,也就越没有自由。

在国外的一切生活和工作,目的都只有一个,那就是有朝一日回来报效祖国。

或许,他们走向世界的过程,是没有太多快乐可言的。

但是今天的中国年轻人不一样,个体的意识觉醒了,他们学会为了追寻自己的梦想而踏出国门。

在这个过程中,你增长见闻、开阔眼界、融汇文化……

实现了胡适先生百余年前的理想:争取你个人的自由,就是为国家争取自由。

虽然多年来,西方人一直对中国的年轻人有"思维定势",觉得独生子女的一代,肯定是"小皇帝"、"小公主"。但是,事实似乎也在证明,无论"小皇帝"还是"小公主",都越来越具备公民意识。经过汶川地震、北京奥运、上海世博……无数事件后,我们都有目共睹。

而且在可以预见的将来,我相信更多的事情会激发中国年轻人的公民意识。

只不过在这个过程中,中国的年轻人还需要学习做一个"世界公民"需要具备的那些素质。

文明是可以训练出来的。

每个婴儿出生时都一样赤身裸体、哇哇大哭,但长大以后,有的可以变成英国绅士,有的可以变成法国情人,有的可以变成日本武士,有的可以变成中国香港商人,有的也可以变成地痞流氓……

一切都取决于我们希望自己变成什么样的人,然后朝那个方向努力。

今天中国的年轻人，出国相对比较容易。

很多人都做起背包客，环游世界。

并且，中国学生有个很大的优势：擅长考试。

而西方有些国家那么"傻"，提供奖学金让你去读书。

所以，我们应该好好利用机会多出国。不要只有短见，觉得出国混个文凭，回国比较好找工作。

打破这种"实用主义"的狂想，切切实实地去体察外国或者外地究竟有哪些长处与短处。

不夸张地说，今天中国正在经历的很多事情，西方发达国家都早已经历过。

所以出去看一圈，回来再看中国，肯定会不一样。

中国的"8090"，要培养自己自由、人权、法治、民主、良知的思想，培养自己不卑不亢的健康心态，冲破桎梏，并且学会反思。

相信10年之后，当我们渐渐步入中年时，回首这几年时光，会发现现在的我们身上还有很多幼稚可笑之处。

如果能够那样，则证明我们确实进步了！

第十八章 / 香港能告诉你什么

> 我必定恪守承诺：维护公义，保障市民权益；维护法治、廉洁、自由、民主等的香港核心价值，包容各种立场和意见；同时以身作则，廉洁自持，建立"行之正道"和诚信的政府。我会尽力保护每位市民的权利，并尊重新闻自由，维护媒体的独立性。
>
> ——梁振英

本章主要观点导读

/ 从15岁香港意见领袖黄之锋,看草根意见领袖是怎样炼成的。

/ 内地教育喜欢"树典型",所以人们比较喜欢模仿、追随。

/ 香港由于是多元社会,所以不容易出现张悟本这样的"神医"。

/ 以香港文化人胡恩威为代表的部分香港人把香港教育批得体无完肤,认为内地大学生在阅读思考上优于香港大学生。

/ 内地年轻人不要急着买房、买车、定型,谁知道未来会怎样。

2012年5月中旬的某个清早,当时我人在巴黎,打开微博一看,只见好多网友@我,希望我转发一段视频,并说这段视频中的香港中学生,给内地起了榜样的作用。我向来很讨厌榜样,于是没有理会。

在巴黎游玩了一整天,晚间找到一家中国餐厅。走入其中,几个中国年轻人过来招呼。和他们聊天,得知他们是在法留学的学生,用课余时间开了这家中餐馆,卖湖北菜。我在法国,看见很多流浪的法国年轻人。现在欧洲的失业率是高,但是只要勤劳肯干,总还是能找到糊口的工作。但法国的年轻人不愿意这样,他们宁可在街边乞讨,也不愿工作。旅法的朋友告诉我,法国人就是这样,被政府的高福利宠坏了,显得有些懒惰。看着这些开中餐馆的中国年轻人,让我的心里感到暖暖的。这就是我所认识的中国年轻人,能吃苦。那一餐的口味也很好,麻辣虾,确实让身在异乡的人找回一些故乡的味道。

到了晚上,我再次打开微博,@我的数字不断增加,导致我不得不为了满足好奇心,点开视频观看。只见一个十几岁光景的年轻人,作了4分钟左右的讲话……事后,大家都知道了。这个名叫黄之锋的15岁香港中学生,在接受香港记者采访时,谈论的是成人世界的时政话题,但不疾不徐,对答如流,简直像个外交部发言人。这段视频在短短两天内,累积超过10万的点击率。

内地网友为何会对一个香港年轻人产生兴趣?这在以往是很罕见的。原来,引发人们好奇的并不仅仅是黄之锋的成熟稳重,还有他对自己人生经历的一段描述:

"我来自典型的中产家庭,家住海怡半岛,读直资学校,有个读小三的细佬(弟弟)。爸爸系是IT工作者,爸妈是港大校友。我自小生活无忧。但我很清楚,(我的)这种幸福并非必然(天经地义的)。因为自六七岁开始,爸爸就带我探访赤贫家庭。佢(他)成日同我讲,要关心社会上被遗弃的一群。爸爸是虔诚的基督徒,佢话(他说),社会上有一群人生活得很困苦,我们不可以坐视不理。我问,我的生活咁(那么)丰足,但好多人的生活(为什么)就咁艰难?(这种想法的)种子在我小学时已在心中(种下),但一直没机会萌芽。中三(中学三年级)之前,我同好多中学生一样,食饭(吃饭)打机(打游戏)瞓觉(睡觉)读书。直至反高铁运动、五区公投,引起了我对社会议题的兴趣。我开始看很多书。中三那年对我来讲很重要,我意识到很多社会问题,归根究底,都是制度出了问题。(这方面)知道得越多,越希望改变,也就不再甘心只停留在网上讨论的状态。去年五月,教育局推出国民教育咨询文件,社会上讨论的气氛毫不热烈,但我同很多年纪相仿的朋友都很关心。我觉得是时候站出来走上街头,学民思潮因而成立。最初只有十几个人,后来集结了其他学生组织,搞街站、筹组大型示威游行,逐渐成型。而爸妈亦由担心到后来放心。因为佢哋(他们)知道,我不是人云亦云。有网民说黄之锋的父母,应以佢个仔(他儿子)为荣,我不知我妈是否可以我为荣,但我希望,将来我可以为我自己所做的事感到自豪。"

我相信,黄之锋之所以引起内地网民关注,其实不单单因为他的言论,还因为大家对他的成长经历好奇,希望一探这样的年轻人是怎样炼成的。

在香港,黄之锋这样的家庭背景,绝对不能说是太好的出身。他自己也说了,来自典型的中产家庭。香港700万人口中,大约有20%至30%的中产阶级，他们构成了社会稳定的基础。不过，随着近年社会阶级结构的演化，这种稳定正在悄然发生变化。很多像黄之锋这样的年轻人，开始要求社会变革。

在内地喜欢"树典型"的环境中，或许黄之锋就是香港90后的典型。我想告诉你，香港确实有一些像黄之锋这样的"8090"，但是为数不多，更不会有人把他们当作典型。香港是一个成熟的"分众社会"，人人过自己的生活，不太管他者。就好像2012年6月，在一期相亲节目《非诚勿扰》中，一名来自香港的男嘉宾在叙述完自己由于理想放弃报社记者工作去打高尔夫后，主持人之一的乐嘉问男嘉宾："你以前的同事怎么看你现在的生活？"男嘉宾说："我没有管他们是怎么看的，我想他们也不会管我吧。"——这就是最典型的香港心理。

但是话说回来，香港人是否关心内地，又是怎么看待内地"8090"的呢？

香港人当然关心内地，并且数十年如一日地关心。香港人不可能不关心内地，因为香港的前途和内地密切相关。20世纪70年代中英双方开始谈判香港问题，1984年《中英联合声明》签署，香港回归成定局，这些事情都迫使香港人不得不关心内地。20世纪80年代香港官方和民间有无数讨论内地文化、时政的沙龙。时至今日，"内地新闻"仍然是香港媒体的重要内容。（这一点和台湾地区大相径庭，打开台湾的电视，你会发现他们几乎全都是本地新闻，好像对外界完全不关心。）并且，不得不承认，有时往往在香港才能把中国看得更清楚。

那么，香港人究竟是怎么看待内地的"8090"的呢？我在前文略为提到，内地人喜欢"树典型"。这大抵和内地的教育有关，大家从小都是看着"英雄"长大的，人人都想学"雷锋叔叔"，所以总有一种想把自己变成别人的思维习惯。几年前，香港人看见新闻里说内地出了个"中医大师"张悟本，教大家每天几斤几斤地吃绿豆。香港人看了都惊呆了,觉得简直不可思议。

不可思议的不是张悟本的主张,而是居然有成千上万的"信徒"真的按照张悟本的方法吃绿豆——这不是疯了吗?这种情况,在香港不太可能出现。香港是个自由社会,各种声音都可以公开表达。与此同时,任何声音都可能很快被淹没。香港的"歪理邪说"也不少,但是由于自由,任何思潮都不可能吸引所有人去关注。因此,也就不可能出现"张悟本大师"这样的奇葩了。

我的一些香港朋友多次向我表达过"看不懂微博"的想法。他们不理解,为什么一个话题有内地可以引来数十万的转发,每隔几天都会有热议话题。而且,他们还看不懂豆瓣。他们不理解,为什么内地的"8090",在看完一部电影后可以写几万字的评论。你问香港的年轻人对电影有什么观感,他们往往只会以"几好(挺好)啊"、"唔错(不错)啊"、"OK 啦"……这样简单的几个词来回答你。

内地相对缺少年轻人可以自由表述的传统平台,故而在网络上,你会看到很多有强烈表达欲望的年轻人。这一点,在不少香港文化人看来是内地年轻人胜于香港年轻人之处。香港文化人每每在批评香港年轻人的陋习时,都拿内地年轻人来作比较。

例如,香港有位很重要的文化人胡恩威,在他的著作《香港文化深层结构》中如是批评香港教育:"(香港)的教育制度也是一样,目标不是培养精英,而是培养一些反智的劣质公民。考试制度不是为了寻找最好的学生,而是最会取巧的学生。香港的年轻人经过香港教育制度的洗礼,最后对知识都不会产生兴趣;香港的年轻人很聪明,但教育令他们对追求知识有一种错误的态度。知识只是用来'搵食'(工作),而不是一种理想的追求。香港考试的拉 Curve(指调整成绩分布)制度就是把最低标准当成最高,而大学又以这种标准招生,能够进大学的香港学生,学习态度都有问题;问题的核心是他们对所读的科目都没有一种热爱,好奇心和研究能力十分之低,又没有阅读的习惯,思考能力十分薄弱。"

在痛骂完香港的教育制度后,胡恩威把笔锋一转,开始赞美其内地的大学生来:"这和中国内地的大学生完全相反。内地大学生大都喜欢发问、阅读和辩论,虽然有些观点仍然十分简单,但起码他们会表达和争论;香港的学生对自己的要求很低,吃喝玩乐是人生唯一的目标。"

无论你是否同意他对内地的观察,但胡恩威确实是这样说的。或许这可以代表一部分香港人是如何看待内地年轻人的吧?内地大学生"都喜欢发问、阅读和辩论"我不敢苟同,但是香港大学生都以"吃喝玩乐是人生唯一的目标"我倒是同意的。内地大学生比较多地背负了"改变命运"的自我使命感,尤其是很多从农村来到大城市的学生,他们想要在城市定居,往往不得不先从"蚁族"开始。

在较为严苛的环境下,内地年轻人被锻炼出比较强的耐力与上进心——这让我想起20世纪70年代的香港人,也是以"爱拼才会赢"为座右铭的。如今很多的发达国家或地区的年轻人,都没有这股冲劲了。所以,内地"8090"应该善用自己的这一优势。

当然,内地年轻人的缺点也很明显,那就是:比较闭塞。我经常去内地讲座,固然见到不少优秀的同龄人,但也还是会遇到安于现状甚至对已有生活沾沾自喜不思进取的年轻人。有人会跟我说,他感觉不出香港有什么好的,唯一的好处是购物比较方便——他们甚至说不出"护照比较好用"这样的"标准答案"。他们觉得自己生活的那个地方丰衣足食,就是"天堂"。还有人觉得自己有一份几千元的工作,并且有还算好的职业前景就满足了——二十几岁就开始了供房结婚生子的中年生活。有人甚至还觉得,他可以自由买到最新款的 iPhone，便是拥有了莫大的自由，和美国年轻人没什么两样了。中国的一些年轻人不了解外面的世界，上网只淘宝，每天沉浸在价格比较中不能自拔。当楼市飞涨的时候，他们迫不及待地买房子；当同龄人都开了上了汽车，他们觉得很没面子，借钱也要买车——殊不知这些提前消费，将来终是要清还的。当经济一路上扬的时候，他们对自己的未来毫不担忧，认为股市会永远升下去，过十年把自己的房子卖掉，就能换一套更大的房子。殊不知，这种状态香港人早已经历过。从香港的历史对照内地的现状，年轻人的这种心态其实是很危险的。

香港经济也曾有"梦幻"的时代。20世纪70年代开始，香港股票不断上涨，香港人开始对未来盲目自信。所有人都觉得股票会一直涨下去。所以，今天赚的钱，今天就全部花光——最有名的就是当时的香港人天天要吃鱼翅捞面以显身份。但是，当20世纪80年代股灾来的时候，香港人就只有吃"炒鱿鱼"了。我常常想，只要读一些历史，内地年轻人就不应该对现状盲目乐观。房价高涨的时候，千万不要急于买房子。房价在十年内涨到现在的高位，谁知道十年后如何？你真不晓得这个泡沫什么时候会爆掉。在拥有好工作的时候，如果不在同时提升自己，那么在被炒鱿鱼后就没有竞争力了。

殷鉴不远，在夏后之世。

第十九章 / 后冷战时代青年：自由、人权、法治、民主、良知

> 我所宣扬的，不应该只是传统的道德价值，而是普世的价值。
>
> ——胡适

本章主要观点导读

/ "占领运动"引发的全球年轻人大串联,说明年轻人正变成"世界公民"。

/ 中国的年轻人,越来越具备全球性视野。

/ 香港 80 后作家林匡正提出"十字诀":自由、人权、法治、民主、良知。

/ 如果中国真的崛起了,中国究竟能给世界带来什么?

/ 中国以什么理由,说服世界来让中国崛起,甚至是帮助中国崛起呢?

/ 是中国带动我崛起,还是我带动中国崛起呢?

2011年10月15日,是一个应该被载入史册的日子。那天,为了响应美国的占领华尔街运动,世界各地都掀起了"占领运动"。在亚洲,有台北、东京、首尔、吉隆坡……当然,也包括香港。香港"占领中环"时,我也在现场。在香港,这个后资本主义社会,听着数百民众齐声高喊"打倒资本主义",好不刺激!

大家都以为,和香港很多活动一样,占领中环大概会在一天内结束。但没有想到的是,这次,占领中环的参与者并不是三分钟热度。在当天的誓师后,他们在中环的汇丰银行总部扎帐篷住了下来。10月、11月、12月,来年1月、2月、3月……7月、8月。中环的老年人以为年轻人不过是一时热情,没想到这次玩真的。最终,老年人只能用一纸状书把这群年轻人告上法院,请有关部门来"清场"。

美国年轻人的诉求全世界都听到了,他们要代表99%的穷人,告诉那1%的富人:世界早就开始变化了。但没想到的是,这个诉求居然在全世界都有市场,真是揭竿而起,万民响应。你是否从这件事中,得出一些有趣的结论?

类似的事情已经不是第一次发生。100年前,遥远地方发生的事情或许不会引起你的关注,但是现在这个时代,情况完全不同了。

过去,如利比亚这样的非洲第三世界国家发生政变,是不会有那么多人,尤其是不熟悉历史的年轻人关心的。时代变了,由于网络的普及,并加之教育(特别是英文)的普及,全世界的年轻人很容易沟通,也很容易互相传递信息。于是,中国、美国、英国、日本、埃及……大家都讨论到一起去了。

中国的年轻人,越来越具备全球性视野。从20世纪90年代末互联网进入中国开始,我们目睹中国的年轻人怎样加入世界大讨论,怎样学习和世界说话的方式。虽然在这个过程中,很多细节是不尽如人意的,但毕竟还是有所进步的。比如,我们已经从"中国可以说不"的年代,过渡到"北京欢迎你"的年代。但我在法国戛纳看到他们的口号却是"the city is yours"(这城市是你的),很显然,我们有所进步,可是离戛纳尚有一段明显的距离。

加入世界大讨论的前提是什么?这个前提,就是你和所有人有共同的身份认同。

"身份认同"四个字,是过去中国所有讨论里较少见到的。身份认同与身份不同。两者有何区别?简言之,身份,指的是你的身份证、工作证、居住证……而身份认同,就是你对它们的认同程度。你可能移居英国数十年,早就加入英国国籍,用的也是英国护照,但在认同感上,你觉得自己仍旧是个中国人。这时候,"英国人"是你的身份,"中国人"是身份认同。美国革命年代,富兰克林有句名言:"哪里有自由,哪里就是我的祖国(Where there is liberty, there is my country)。"说明对富兰克林来说,"自由"才是他的身份认同。令富兰克林万万没有想到的是,在 21 世纪的今天,他的身份认同观竟然影响了全世界。

香港 80 后作家林匡正,是最年轻的"香港书奖"双料冠军,其代表作是 2011 年出版的《八十后运动》。2012 年香港书展期间,林匡正出版了新书《夹缝:九十后看中国》。在这本书中,林匡正采访了很多 90 后,问他们怎么看待自己的身份认同。谁知 90 后给出的答案,让所有人感到惊讶。

在 90 后身上,我们不再能够看见地域性的身份认同(或者说这不是最强烈的身份认同),90 后不再在乎自己生于何处、长于何处或身处何处,对 90 后来说,似乎只认同 10 个字:自由、人权、法治、民主、良知。这 10 个字,可以说是社会共识,同时也是 90 后的核心价值。而在过去,以及可预见的未来,这 10 个字肯定会越来越深入中国年轻人的内心并达成共识。对这一点,我是十分乐观的。这非常有助于中国融入世界，以及世界接纳中国。

不过好话说尽，我又必须在此处加入一个转折——但是，中国年轻人在融入世界的过程中，不得不面对世界对中国产生的敌意，以及"中国威胁论"的挑战。

在过去的30多年时间里，不容否认，中国在经济方面取得了举世瞩目的成就。尤其在制造业方面，现在在全世界的任何一个角落，基本上都可以买到印有"Made in China"（中国制造）的产品。一些数字更是令人叹为观止——2010年，中国的GDP超越日本，位居世界第二，仅次于美国；在出口总值方面，2009年时中国已经超越德国，成为全球最大出口国；而2006年开始，中国已成为全球外汇储备最多的国家。基于以上事实，难怪很多人都会感叹，现在的中国简直是"汉唐以来未之有也"的大国气象，更有人给出了滑稽的数字，说2012年中国的"复兴"事业已经完成了62%——我很想知道100%是什么？

其实，国家和个人在很多时候的境遇是很相似的。相声演员郭德纲曾说，当一个人没出名的时候，根本没人理他，只有当他出名了以后，各种毁誉才随之而来。中国现在的境遇也是一样。过去穷的时候，没人理会；现在富了，"中国威胁论"也就来了。面对"中国威胁论"，我们应该如何应对呢？我想起一句话：思考得越多，话越少；思考得越少，话越多。所以，在开口回应之前，我们不妨先静下心来好好思考一番，我们现在的处境如何？

我有一个观察：今天的中国，恐怕是全世界使用"和平"这个词最多的国家。无论在什么场合，我们都喜欢说中国的崛起是"和平崛起"。同时，我们也千万次重申，中国虽然是世界上少数几个拥有核武器的国家，但中国绝对不会首先使用核武器。我们的学者，也很喜欢强调中国有热爱和平的"优良传统"。这么看，其他国家是不是就应该打消"中国威胁论"的念头呢？

要理解西方人的大脑,最有助于双方相互理解的方法,是换位思考。所以,现在我们不妨试着把自己变成一个美国人,来看看中国。

以前的美国人,是很不关心国际新闻的,甚至到了对外面的世界很不了解的程度。我曾在凤凰卫视《锵锵三人行》节目中听到一个笑话,以此说明美国人对外界之不了解。一名嘉宾说,911事件发生后,有次他和一个美国人聊天,那个美国人说:"基地组织真恐怖,拉登真恐怖,他们现在还只是劫持飞机搞恐怖袭击,还好他们还没有原子弹,如果有的话后果真不堪设想。"接着话锋一转,跟这位嘉宾说:"你们中国现在也越来越强大,对美国是种威胁,如果你们有了原子弹,对美国来说也是件很恐怖的事情啊!"嘉宾听完,无奈地对那个美国人说:"其实,中国在60年代已经有原子弹了……"这句话,把美国人吓得眼珠子瞪得斗大。美国人之不了解中国,由这个笑话可见一斑。

但是,在过去的10余年时间里,这个现象发生了改变。有数据显示,近几年美国人最关心的新闻,就是关于中国的新闻。我想这"关心"里,大抵是包含了疑惑、恐惧、好奇、迷茫、愤怒……甚或同情等数不清的复杂情绪罢?

站在美国人的角度,他们也听到中国的"和平崛起论",也感受到中国领导人出访国外时的风趣亲善,也看到中国年轻人在诸如汶川地震时表现出的团结奋进,这些都是好的一面。但同时,他们也会看到制造iPhone手机的富士康公司这样的"血汗工厂",也会看到中国购置航空母舰瓦良格号,也会看见毒牛奶这样的食品安全问题……如果换作你是美国人,难道不会对这个有趣的国家产生"关心"吗?

其实,刚刚被中国超越的日本,在20世纪六七十年代,也经历过"崛起"的时期。当时日本的制造业,如汽车,和中国今天的制造业一样,同样称霸世界。那时候美国的汽车制造厂商,被日本汽车制造厂商排挤得几乎无容身之地,只好大量裁员。美国工人那时候憎恨日货,完全不输今天的"反日愤青"。他们也在游行示威的时候,把日本汽车砸个稀巴烂,以解一时之快。

但是,美国汽车制造商和工人很快就意识到,砸毁日本汽车无济于事。因为,日本汽车确实有其优点。比如省油,比如成本低。我们大抵都听说过日本汽车工业是怎么发展起来的故事。日本人会把世界上最先进的汽车买回来,然后像解剖尸体一样拆解汽车的每个零件,进行详细研究,讨论是否有改进的可能性。最终,日本研制出了更省油、价格更低,且更美观的汽车。美国人知耻近乎勇,开始向日本汽车学习先进经验,继而改进了美国汽车,挽救了整个汽车工业。

那么,这个故事如果发生在中国,会是怎样的版本呢?我们可以想象一下:假设日本研制出了一种世界尖端的汽车,一家中国汽车制造商发现了,很快就买了一辆回来。中国汽车制造商也很用心地拆解日本汽车,研究里面的每个零件。但是最终得出的结论,恐怕不是借以改进自己生产的汽车,而是干脆依样画葫芦,山寨一辆中国版的"世界最先进汽车"出来。这种汽车不需要出口,光是国内市场,就可以令这家汽车制造商赚得盆满钵满。不要以为我在危言耸听,真实的案例难道还少吗?2009年问世的"无扇叶电风扇",是英国著名发明家戴森爵士历经数年艰辛的发明成果。结果这一成果刚刚推出,还没来得及打入中国市场,深圳罗湖商业城的每家店铺,就都有它的中国山寨版出售了。换作你是戴森爵士,恨不恨?如果你是美国人、英国人、日本人,你害不害怕中国?

在这样的背景下,我想,我们或许更能理解什么是"中国威胁论"(注意:我说的是"理解"而不是"认同"或"接受")。而在理解什么是"中国威胁论"的基础上,我们才知道作为中国的年轻人,我们应该做些什么。

做法其实很简单,就是不停地思考,不停地问以下三个问题:

第一,如果中国真的崛起了,中国究竟能给世界带来什么?

第二,中国以什么理由,说服世界来让中国崛起,甚至是帮助中国崛起呢?

第三,是中国带动我崛起,还是我带动中国崛起呢?

关于前面两个问题,其实当年的美国给出了比较好的答案。

美国在崛起之时,发明了所谓的"美国梦"。美国梦追溯起来,就是美国的建国理念,即以自由、公平、正义之理念,建立一个人人都能靠自己的努力获得应有回报的梦想。在美国最强劲上升的时代,美国梦成为向全世界输出的软实力,代表美好、先进的价值观。每人拥有一份体面的工作、一幢像样的别墅、一辆不错的汽车、一个和睦的家庭的"美国式中产阶级生活",成为全世界年轻人的目标。所以,美国的崛起自然受到拥戴。

那么,反过来我们就要问一问,伴随着中国的崛起,我们的"中国梦"是什么?总不能回答,"中国梦"就是山寨,就是廉价劳动力。现在有个类似"中国梦"的词,叫"中国模式"。可惜恕我直言,中国模式并不太受认同。这从香港推出的国民教育教材《中国模式》的反映便可看出。而世界各地的孔子学院,也大多陷于自说自话的局面。请不要说这是西方的敌视,因为我始终相信,真正的好东西是无论多少敌意,都挡不住的。就好像当男人奋不顾身爱上女人时,旁人的闲言碎语或家人的大力阻挠,怎么可能拦得住他呢?

第三个问题则更为重要。在集体主义观念较重的东方,个体很容易在潜意识里认同"中国带动我崛起"的观点,认为只要乃至只有国家崛起了,个人在国际上才有地位,哪天中国超越美国了,中国人走到世界各地,都会受到世人的尊敬。每当这种时候,我就想起胡适先生的那句至理名言:"现在有人对你们说:'牺牲你们个人的自由,去求国家的自由!'我对你们说:'争取个人的自由,就是争取国家的自由;争取个人的人格,就是争取国家的国格!自由平等的国家不是一群奴才建造得起来的!'"所以我认为,中国的崛起不是最终目标,每个中国人的崛起,才是我们应为之毕生奋斗的。

全世界年轻人,由于成长环境不同,表现出来的状态,以及大家看待世界的视角也各不相同。但是,这样不同的年轻人是否就缺乏彼此间相互沟通的基础呢?不然。全世界的80后、90后,其实都可以称为"后冷战时代青年",这一代年轻人在这个相同的背景下成长,于是变得颇有相似之处。

"后冷战时代青年"最大的共同点是什么呢?在我看来,就是我们都相信:世界不应该是现有的样子,至少大家都是不相信世界是应该以一种既定的样子存在的。格局可以改变,规则可以打破,世界可以呈现出新的面貌。美国的奥巴马,中国台湾地区的马英九,都是喊着"改变"上台的,多少反映了民意。而卡扎菲、穆巴拉克等人的下台,也反映了趋势。这种坚信改变、不墨守成规的精神,是中国年轻人与世界沟通的桥梁。

我不信中国年轻人天生就缺乏与世界沟通的能力。虽然在"涉外"的事件上,网上的语言暴力常常还是让人感到失望。但是,或许因为我还没有到有资格绝望的年龄,所以总是相信一切正慢慢变好。中国的年轻人在关注公共事务上的热忱,时而闪亮的公共精神,令人感动。比如2008年汶川地震、2010年上海胶州路大火、2011年温州动车追尾事故、2012年哈尔滨阳明滩大桥坍塌事故……参与最多、讨论最多的,都是"后冷战时代青年"。有台湾的朋友告诉我,每当在网上看到这类讨论,他都会感觉"界线"消失了。

所谓的"中国威胁论","威胁"者何?或许就是台湾朋友口中"界线"的产物。那么,消除"界线",自然就不再有"威胁"。如何消除"界线"?还记得前文提过,林匡正书中采访的90后年轻人共同认同的10个字核心价值吗?把它们默记于心,就是打开世界的钥匙:自由、人权、法治、民主、良知。

第二十章 / 比比更健康,外国年轻人都在干什么

世界正被抹平。

——托马斯·弗里德曼

本章主要观点导读

/ 欧洲失业率高,欧洲年轻人不如中国年轻人踏实肯干。

/ 欧洲年轻人买房压力没有中国年轻人大,所以还能找到空间追寻理想。

/ 中国或许是世界上年轻人考公务员最多的国家。

/ 中国的年轻人有些缺乏安全感,所以竭尽全力追求稳定。

/ 生长在"C时代"的日本年轻一代致使日本缺乏活力,当经济不好的时候,甚至不知道他们会做什么。

/ 如果你想在哪里定居,就要成为那里的公民,为那里付出,而不是仅仅索取。

如今去欧洲的一些国家走走,会发现他们的年轻人怪怪的。很多人无所事事,其中不少甚至在街边乞讨,或者无家可归,只能睡在地铁站的过道里。走过他们身边,我不禁跟身边当地的朋友说,这些人就不能去找一份工作吗,换作是我,就算是干苦力,也比在街头乞讨强。当地的朋友告诉我,由于国家的福利太好,养懒人,他们都不太愿意做吃力又赚钱不多的工作。

但是,回到寓所后我又仔细想了想,这样的批评对欧洲年轻人来说或许又未免有失公允。打开计算机,我们很容易找到关于欧洲经济不景气的报道。例如:"根据英国《卫报》指出,3项刺激就业的政策预计2020年前将在欧盟创造1750万就业机会,但考虑到过去2年以来的主权债务危机,欧洲年轻人的前途依旧暗淡,且危机使欧元区较为稳定的北方和正走下坡的周边地区差距日益增大……其中西班牙目前失业人口超过400万,占了全国劳动人口约1/4,许多西班牙人自嘲,他们可以称冠的不只是足球,在失业问题上也足以成为'欧洲冠军'。"

相比之下,虽然我们也抱怨中国的种种不如意,很多年轻人还过着"蚁族"或"蜗居"的生活,但至少还不至于如此不堪。年轻人的问题解决不好,对国家来说是重大隐患。不少国家和政权,都是因为没有解决好"青年问题",导致年轻人走上街头,最终倒台。所以,欧洲各国的问题,都亟待解决。

不过,在欧洲这样的已发展社会(developed society),问题似乎还不至于那么严重。在欧洲年轻人身上,还是能看出很多值得中国"8090"借鉴的东西。比如,我在从尼斯到巴黎的火车上,遇到一名叫杰里米(Jeremy)的年轻人,只有25岁左右。上火车前,我看见他跟女友亲热吻别。他告诉我,他要去巴黎面试一份工作。如果面试成功了,他将到南极的一个小岛上数年时间,没有网络、没有手机、没有现金、没有女友……他跟我说,他觉得这样酷极了。

其实,杰里米的潇洒是有原因的。原因就是,虽然他只有25岁,但是他和女友已经在尼斯买了房子。房子很大,还有花园,但价格大概只和你在北京市中心买套100平方米的公寓差不多。而且,贷款只要20年就可以还清。

在欧洲,年轻人个人拥有住房的比例较高。但是和中国大部分年轻人拥有住房都是靠"啃老"不同,欧洲年轻人的首付一般都是政府给的。国内的一篇报道说:"在瑞典、芬兰、荷兰等国,福利部门根据年轻人的收入情况提供一定的住房补助,鼓励年轻人独立居住。如果住在父母家,也往往会支付房租。根据了解,城市居民拥有产权房比率最高的是美国,为68%,英国为56%,欧洲其他国家为30%到50%之间。"所以,这真是"国情不同",中国年轻人偏向保守,大学刚毕业就被家庭、工作、住房捆绑住,自然很难再潇洒起来。

人在30岁前,应该尽情地去体验世界,可以不断换工作、不断换城市,趁自己还"输得起",应该挑战自己,找寻适合自己的人生路。但是,中国的年轻人在大学毕业后,就迫不及待地想要过稳定的生活,这也是很有"中国特色"的。这种想要过稳定生活的表现之一,就是争相报考国家公务员。《光明日报》的报道说:"2012年国家公务员考试报名近日结束,资格审查合格人数约133万人。据统计,国家公务员考试报名从2001年的3万多人,到2011年的141万多人,十年间猛增近46倍。国考报名通过审核人数已连续4年超过100万人。国考已成为华夏大地最热门的考试。"这些数字简直让人震惊。

我们不妨拿其他国家的公务员情况来做个对比。

先来看美国。从全美公务员的数据统计来看,平均年龄是45岁,平均工作年龄16年,平均年薪是56000美元(是普通劳动者平均工资的1.3倍)。但公务员拥有优惠的各种保险、灵活的工作时间以及较长的假期,其家人也能享受政府照顾。最有趣的是,美国公务员中拥有大学学历的人不到一半,约占39%。

然后看看华人国家新加坡。新加坡的公务员体系被认为是世界上效率最高和腐败程度最低的。20世纪80年代以来,新加坡对公务员人数的增长一直进行严格控制,尽管国内经济状况发生了很大变化,但公务员人数多年来基本上没有增加,始终控制在6万人左右(占全国人口的百分之一,100个人才养1个公务员)。

近邻印度怎么样?印度普通人均年收入约为720美元,而公务员的年均收入却高达8116美元。但是,在印度真正能称得上"公务员"(全印度公务员系统)的人很少,只有大约7000人。除高工资外,他们还享有每年1个月带薪假、20天医疗假、20天半薪假等待遇。但他们专职政府事务,不许参与党派活动。

德国虽然受全欧经济不景气影响,但总体来说算是较好的国家。过去,德国年轻人较少考虑做公务员,他们热衷于投身传统的汽车制造业。为了有份相对稳定的收入,近年表示愿意报考公务员的大学毕业生较往年多了起来,但也只有近20%。30%的大学毕业生仍旧表示愿意投身汽车制造业。

此外,韩国近年来也有越来越多的年轻人报考公务员。韩国公务员的待遇不算太好,并且每个月还要缴纳不低的保险费,看病时还要自掏10%的费用。但是,由于近年韩国的经济也不景气,所以很多人都想要一份相对稳定的工作。

通过以上对比,我们会发现一个有趣的现象。经济较好的美国、新加坡的年轻人,都不太热衷报考公务员。而印度的年轻人想要当公务员,则是因为公务员的工资实在高得出奇,但想成为总人口12亿中的7000,恐怕是比登天还难。而德国、韩国这样的国家,则是因为近年经济不景气,所以他们的年轻人才想要报考公务员的。再反观中国,就很诡异了。

在报考公务员人数猛增的10余年中,中国的经济持续10余年高速增长。而中国公务员的工资,众所周知,也不算太高,享有的待遇也没有比普通公民好太多。唯一有吸引力的,恐怕只能是一些隐性的待遇。可是这些隐性的待遇,谁能说得清呢?为什么中国的年轻人会对公务员如此趋之若鹜呢?

这原因,我想只能是,中国的年轻人十分没有安全感。比如,虽然中国的经济长年保持高增长,普通公民的工资也在增长中,但物价(例如房价)的增长速度,远远超过工资。所以,即便经济状况良好,中国的年轻人还是和德国、韩国的年轻人一样,愿意找一份相对稳定的工作,得到一份相对稳定的工资。

中国的年轻人是很聪明的,也是很勤奋的。在外国的朋友都告诉我,除了那些纨绔子弟外,中国的留学生都是最刻苦的。而且相比之香港的年轻人,内地的年轻人明显比较敢拼敢闯。香港由于地域狭小,又是个相对独立的经济体,所以很多年轻人到了20多岁可能都从来没离开过香港。内地不同,地域辽阔,无论是读书或者工作,都要背井离乡,于是不太介意出走他乡,养成了敢拼敢闯的性格。但我始终觉得,这代年轻人过得很苦,这是一把双刃剑。你要看到这代中国年轻人身上的拼搏精神,只是不知道他们身上的这种乐观精神,将来会如何改变中国。比如,那些在北京、上海、广州等大城市奋斗的"蚁族",现在他们还年轻,可以挨得住。那么10年后呢?那时候80后年纪最大的,都已经40开外了,如果仍旧没有改变自己的人生,他们会怎么样?这个问题不得不未雨绸缪。

还有一个经常被用作跟中国年轻人作对比的,是日本年轻人。因为我们都对日本耿耿于怀,并且他们也是黄种人,在历史上也是遭西方列强侵略后开放的国家,和中国颇有相似之处。多年来有多起震惊中国的"中日比拼",例如,20世纪90年代中日少年在参加夏令营时,中国的独生子女娇生惯养,日本少年则性格坚毅。又如,在一次宾馆火灾中,日本青年因为平时接受了较多的逃生训练,用酒店床单、窗帘等系成绳索,顺利逃生;而中国的青年,则不幸遇难。这些对比,都对中国民众产生了重大刺激,成为当时的热议新闻。

那么,今日的日本青年是什么样的呢?

一家日本调查机构早前开展了一场问卷调查,了解当前的日本在外国人心目中的印象。调查的结果是:半数以上的外国留学生认为,由于日本的年轻一代是生长在"C世代"的一代人,所以日本缺乏活力。

什么是"C世代"?据说这是一个由美国社会学家提出的定义,即指当前年轻的一代是在 Computer(计算机)、Connecting(沟通)、Community(社交)、Change(改变)和 Create(创意)中成长的一代。而将这五个词联系起来的,就是互联网。本来,这应该是很好的一代人,既注重沟通又富有创意。但是,现在在"C世代"中长大的日本年轻人,则像是"被C世代"了一样,大打折扣。他们被动沟通,不愿意有变化,又毫无创意可言。当经济状况好的时候,日本年轻人会比较安分守己。但是,在经济不好的时候,就不知道他们会做什么了。

2007年1月,日本关东青年赤木智弘发表《想猛揍"丸山真男"——31岁飞特族,希望是:战争》①一文赤木智弘在文中说,自己每天都要通宵达旦工作,月薪只有10万日元,无车无房,被迫与父母同住,简直可以说是"无望人生"。最值得关注的是,赤木智弘竟提出"希望战争论"。在他看来,那些认为战争悲惨的人,都是身有恒产的既得利益者;对他这种什么也没有的人来说,战争意味着社会资源的再分配,等于重新洗牌,他不可能再失去什么,战争等于使他多了一次机会,何乐而不为呢?

中国的年轻人再愤怒,也很少有希望国家发动战争的想法。大环境当然是因为中国毕竟还比较好,年轻人还比较有上升空间,觉得靠自己的个人能力,可以获得比较好的生活。但是,这或许都是中国"8090"的"以为"而已。

一个上升空间流畅的社会,就是人人皆有机会实现理想、成就自我的社会。在这样的社会里,穷人可以变成富人,富人可以沦为穷人,没有定数。但是,"富二代"、"官二代"、"军二代"、"农二代"……各种"二代"出现的时候,我们就能察觉到,社会的上升空间开始僵化了,你是什么样的人,很大程度上取决于你的父辈是什么样的人。富得流油的人,在提倡人们应该艰苦朴素;道德败坏的人,在教育人们应该建立道德档案。这些言论,让人不得不想起《庄子·知北游》中黄帝对知北说的话:"道不可致,德不可至。仁可为也,义可亏也,礼相伪也。故曰,失道而后德,失德而后仁,失仁而后义,失义而后礼。礼者,道之华而乱之首也。"如此提倡"礼",或许真是"乱之首"也。

---

① 九山真男是日本政治学家、思想史家,是上一代日本人的成功代表。他专攻政治思想史,被认为是日本战后影响力最大的政治学者。他的思想承继德国黑格尔思潮,融入马克斯·韦伯、阿尔弗雷德·舒茨、卡尔·曼海姆等德国知识社会学家的理论。其成名作《日本政治思想史》,影响了日本现代人文学科的各个层面。在日本,丸山的思想被称为"丸山政治学"、"丸山思想史学",与经济史学者大冢久雄的"大冢史学"并称。

有网友调侃说,做个中国人是很累的。出生前,你要跑赢十几亿的兄弟姐妹,才可获得出生的资格。出生后,你还要跟十几亿的同胞继续比拼。你要战胜几十万人,才能进北大清华;要战胜几百万人,才能成为公务员。中国年轻人身上的"拼搏感",或许就是由于这个原因造成的。前不久去深圳的一个游乐场,那里的工作人员跟我说,建造游乐场时为了赶进度,有次遇到大雨,帮助他们建设的德国工程师都表示不愿意继续工作。没想到游乐场的老板带头跳进了水齐腰深的工地现场。紧跟着,其他中国员工也跳了下去。德国工程师都看傻了,简直不敢相信。第二天,德国工程师说,在德国不要说遭遇暴风雨,只要下班时间一到,天塌下来他们都不会再工作。我们暂且不论这样在恶劣条件下开工的做法是否属于不人道。德国工程师说,他对中国人的拼搏精神深表佩服。如此说来,中国人的不幸,反而变成了"幸运"?我不知道。反正幸或不幸,中国人就是这样的了。

见证发展的中国年轻人,来不及去想自己是不是被牺牲的一代人,将来的历史会不会记住这代人等问题。我们都身在其中,每天的生活压住我们,让我们无暇思考。但你总要出来,才能得到救赎。中国人或许是全世界最懂得"万事万物都处在不停运动和变化当中"的人,所以也不会不知道中国不可能永远这样下去。将来的中国怎么样?这值得每个年轻人思考。

有次我在内地演讲,有个听众问我:"我现在在考虑要不要移居香港,可是我听说香港在经济等方面都越来越差,我怕我将来会后悔。你能不能告诉我,将来的香港究竟会怎么样,好让我有所准备。"我回答:"你的问题的逻辑有点奇怪。既然你想要移居香港,那么你就是香港人。香港的将来什么样?这是由你来决定的,而不是别人来决定的。所以,移居香港前,你可以先问你自己,想不想做香港人,想不想参与到香港的公共事务中去,想不想为香港的将来付出。如果所有人都只是想着向香港索取而不付出,那么,我可以肯定地告诉你,香港的将来肯定会越来越糟,还是建议你不要移居香港为妙。"

把这话放到内地也是一样。如果所有人都只想着索取而不付出,都想着移民海外,那么,中国的将来肯定越来越糟。更多地关心、参与公共事务,成为一个合格公民,应是中国年轻人对自己的基本要求。

第二十一章 / 培养不卑不亢的精神

　　最重要的东西是你的自尊,别人怎么看你并不重要,而是你怎么看你自己。

——罗伯特·阿普拉纳尔普

本章主要观点导读

/ "爱国愤青"往往都是从情绪出发,而不管什么理性分析。

/ 在理性的前提下,才能从有效的基础上看问题。

/ 中国年轻人要学会遵守世界的游戏规则,而不是要世界遵守中国的游戏规则。

/ 世界上一些强大的国家,都诞生过"不爱国主义者",都发表过"反动言论"。

/ 大国民,明辨是非,不卑不亢。

谁会想到,在日本战败投降67周年这天,一艘来自香港的保钓船"启丰二号",竟然会挑起全中国的"反日爱国"热情。上一次"反日"好像是七八年前的事了吧?身边的很多朋友,都已经记不起了。而由香港引发的"爱国运动",上一次是什么时候?更是有太多人不知道或者记不得了。

每次"爱国运动"发生后,都会有各种各样的声音出现。其中最主流的(这里的"主流"不是指最多人,因为我没有统计资料,而是指声音最大的),当然是所谓的"爱国言论",也就是大骂"不爱国"者是"汉奸"的言论。由于他们异于常人的愤怒,所以被冠以"爱国愤青"的称号。

"爱国愤青"往往都是从情绪出发,而不管什么理性分析。在这轮"爱国讨论"中,内地作家陈岚因为在微博上批评了几句"爱国愤青",就被人骂为"汉奸",并悬赏两万元购买她的家庭地址。又如,在2012年初的黄岩岛争端中,有位1982年出生的IP为"姑娘忒高兴"的网民,就菲律宾抓扣中国渔民事件时说:"想问一个问题,就算是黄岩岛、钓鱼岛全打下来了,上面开采石油所得利润和你一点关系都没有,相反你交的税里面要多一项'战争税',你出去加油还是那么贵,你还要打吗?"这番言论,又被"爱国愤青"骂为"卖国贼"。还有,先前有位日本80后作家,在接受内地一家杂志的采访时,杂志起了个标题叫"我不可能主张钓鱼岛是中国的"。这句话又触怒了很多中国"爱国愤青"纷纷对他进行讨伐。可在我看来,大家千万不要忘记一点:该作家可是正经的日本人,是喝日本的奶水长大的。一个日本人,如果说"我主张钓鱼岛是中国的",那才奇怪,才伪君子呢。所以,应该反思的是为什么"爱国愤青"会觉得在钓鱼岛问题上,他会站在中国方面说话呢?但任何人都无法和"爱国愤青"解释,这是和"爱国愤青"说话经常遇到的情况,秀才遇到兵,有理说不清。"爱国愤青"也不想想看,作为一个平民百姓,即便想卖国,上哪儿卖?"卖国"不是平民百姓可以干的,"爱国愤青"大可不必如此激动。

这或许也是有的时候,中国年轻人在遇到"涉外"事件时,往往较难和外界沟通的原因之一吧?那么,怎样的心态才是能够帮助沟通的呢?我说不全,但至少理性应该是一条。在理性的前提下,才能有效地看问题。

比如在香港,由于是法治社会,理性的评论员凡事皆要看行为是否合法。有人提出,根据《基本法》第十三条规定:"中央人民政府负责管理与香港特别行政区有关的外交事务。""中华人民共和国外交部在香港设立机构处理外交事务。""中央人民政府授权香港特别行政区依照本法自行处理有关的对外事务。"所以,那些保钓人士的行为已经涉嫌"违法",爱国情绪什么的,都摆在第二步。

另外,一个理性的人在面对一件事的时候,会首先考虑它的历史,只有了解了它的前世今生,才能判断眼下的情况。但"爱国愤青"不这么想,他们要在最快的时间内给出最大的反应,以期达到最大的发泄。

现在的中国不再是封闭的国家,而是全球化中的一员,尤其是在加入世贸组织之后,不得不服从游戏规则。所以,今天中国年轻人的立场,应该是开放的,年轻人应该主动去了解外面的世界,主动去了解国际的游戏规则。而不是闭起门来,凡事皆要用武力解决。这背后的逻辑等于是,要是你去一家夜店,要求这家夜店一定得换掉原来的音乐换上你喜欢的音乐,在夜店里的人则全都要跳你的舞,你说这是不是不合理?如果人家不听从你的安排,人家就不跟你玩了,你真的以为世界上只有这一家夜店吗?

大学时代,我已经有点嗅出中国年轻人"唯我独尊"的味道。所以,那时候构思过一部小说,可惜像我所有"一千零一部"的小说一样,只有个开头就有始无终了。

这部小说叫"The Chinglish Revolution"。所谓"Chinglish",是由Chinese English(中文式英文)合并而成的。我在想,如果有天中国真的称霸全世界了,会不会重新制定这个世界的游戏规则呢?如果要重新制定游戏规则,第一步要做的,当然就是重新制定话语规则。学了几十年、上百年英文的中国人,到那时就牛气了,不仅不要再学帝国主义的语言,还要"改造"帝国主义的语言。到那时,英文的语法全部要跟着中文来,词汇的改造也要以中国人能够看得懂为第一要义。

看上去,这部未完成的小说好像是天方夜谭,但实际上背后的逻辑却在今天的中国随处可见。传说外国人到中国的第一件事,不是要买本名叫《关系》的神书作为参考吗?可见只有外国人适应中国人的份,不可能让中国人适应外国人,即便在外企。而当中国人来到不同制度的社会时,则会把"中国习惯"带到那里。2006年,香港城市大学一名从内地来港的数学系女研究生,为了通过考试,将1万元放进系内副教授的信箱内,继而用电邮向副教授索取试题及答案。该副教授在香港生活10多年,很清楚廉政公署的规矩,所以立刻举报了女生。女生后来被香港九龙城裁判法院认定行贿罪,被判监禁6个月,其1万元贿款同时被充公。这就是典型的中国人"境外症候群",以为凡事都可以用中国逻辑解决,结果碰壁了。不过堪忧的是,由于中国在经济方面日益强大,很多境外地区出于生意考虑,渐渐开始适应或者学习中国逻辑。有人说这是中国"大国崛起"的表现,扬我国威。但我说,中国的年轻人恰恰最应该提防这点。

全球化中的中国年轻人,不再是"亚细亚的孤儿"。过去罗大佑唱《亚细亚的孤儿》,其中一句歌词说:"没有人要和你玩平等的游戏。"但今天不一样了,中国打开了国门,加入了世贸,也举办过国际性的奥运和世博,世界已经愿意和中国人玩平等的游戏,问题反过来成为:中国人想不想和世界玩平等的游戏。平等的游戏其实对彼此均有益,倘若打破游戏规则,会导致天下大乱,重新洗牌。而世界垮了,中国岂能独生?

国人向来是喜欢说"中庸之道"的,认为万事万物的最佳状态是找到完美的平衡点。但是恕我直言,国人又是向来不太找得到平衡点的。中国人的完美平衡点,都在这四字成语里。例如,有个词叫"不卑不亢":不自卑也不自大。这本是为人处世的最佳状态,但我们见到的国人,常常都是又卑又亢的。

在浙江山区,大多数市民在路上见到外国人就兴奋,侧目者无数。但也有个别像义和团一样的"爱国人士",专门找外国人的茬。有些小流氓,就以打劫外国人为荣,好像因为打劫的对象是外国人,就令他的犯罪突然洗白了,变得颇为正义了似的。这两种人,前一种"卑",后一种"亢",都是不自信的表现。

全球化中的中国年轻人,应该培养一种真正的"不卑不亢"精神。不再自惭形秽,也不再以"打倒洋鬼子"而兴高采烈。建立这种精神的前提,就是印度圣雄甘地说的那句名言:"我首先是一个人,然后才是印度人。"今天的中国年轻人也要意识到,我们首先是一个"人",和所有国家的人都一样,是平等的,然后我们才是"中国人"。

"爱国"没什么不对的。只是在一些国际主义者、世界主义者看来,爱国主义显得有些狭隘。

奇怪的一点是,世界上一些强大(或曾经强大)的国家,都诞生过"不爱国主义者",都发表过"反动言论"。我可以举两个例子——被视为美国开国元勋之一的思想家托马斯·潘恩曾说:"爱国者的责任就是保护国家不受政府侵犯。"对尼采产生过巨大影响的哲学家阿瑟·叔本华曾说:"当爱国主涉入认知领域时,是一个应该被扔出门外的浑小子。"

而曾经是"日不落帝国"的英国,国内的"反动派"更是不计其数。曾经获得诺贝尔文学奖的数学家伯特兰·罗素说:"爱国主义就是积极地为了微不足道的原因杀人并被杀。"诺贝尔文学奖得主、大文豪萧伯纳曾说:"除非你把爱国主义从人类中驱逐出去,否则你将永远不会拥有一个宁静的世界。爱国主义是一种有害的、精神错乱的白痴形式。爱国主义就是让你确信这个国家比所有其他的国家都要出色,只因为你生在这里。"独立编写字典、奠定其英语地位的塞缪尔·约翰逊则留下千古名言:"爱国主义是无赖最后的避难所。"

为什么这些国家,越是被人骂,并且还是被自己人骂,反而就越强大呢?答案很简单,因为一个"大"字。大国之大,不在于国土面积大,也不在于人口基数大,而在于国民心态之大。什么是大?海纳百川,有容乃大。大海没有权力选择什么样的河流汇入它,但什么样的河流都能被它包容,这就是大。今天的中国如果真的"大国崛起"了,请问年轻人:你们做好做大国国民的准备了吗?你们学会客观理性冷静地去分清青红皂白了吗?大国国民,明辨是非,不卑不亢。

例如,美国大诗人埃兹拉·庞德,二战期间投奔意大利独裁者墨索里尼,为墨氏主持一档反美广播节目。意大利战败后,庞德被美国控以"叛国罪",被押回华盛顿受审。后来因为"精神失常",被关在精神病院中十数年之久。在被关押期间,庞德写了大量诗歌,并于1949年获得了由美国国会图书馆颁发、由艾略特作评委的博林根诗歌奖。得益于这个奖项,后来经厄内斯特·海明威等作家朋友的斡旋,庞德的叛国罪得以取消,最终病逝于意大利威尼斯。

庞德的故事,为我们很好地展示了什么叫把文学成就和是否爱国无关。

即便庞德涉嫌"叛国罪",也无碍于他在诗歌领域是划时代的天才。如果中国的年轻人都能分得清这一点,那么就不至于见一个歌星出名后,转而演电影,也傻乎乎地去追捧了。因为唱歌唱得好是一回事,演电影是另一回事,做自己专业以外的事情,是很值得商榷的。你何时看见好莱坞的影星,会去唱歌或者演肥皂剧?中国的娱乐产业,恰恰利用了中国年轻人这种"拎不清"的糊涂心态。

再换句话说,假如有天中国人在读周作人、张爱玲、胡兰成等人的作品时,不再计较他们是不是"汉奸"或"汉奸的老婆",能够做到只纯粹讨论他们的文字好不好。这个时候,我才真敢相信,原来中国人也是可以不卑不亢的,原来中国人也是可以做大国民的。

第二十二章 / 中国需要什么样的"现代化"

  田野与树木没有给我一点教益,而城市的人们却赐给我颇多的教益。

——苏格拉底

本章主要观点导读

/ 看不见的城市比看得见的城市更可贵。

/ 现代化并不应停留在外表,而应有关内核与实质。

/ 保证当下高效的秘诀,就是在背后建立一套行之有效的制度。

/ 过程必须建立在设定目标的前提下,倘若没有目标,过程便毫无意义。

在北京"721"特大暴雨事件发生后的第 3 天,7 月 24 日,香港迎来了 13 年一遇的特大台风韦森特。香港气象台挂起久违的十号风球①,整座城市进入一级戒备状态。那一夜,我没有睡觉,亲身去感受十号风球的威力。大风把窗户吹得"啪啪"作响,雨水则见缝插针地流进房间里。在一夜的狂风暴雨过后,第二天早上,我如常去上班。路上,我看见除了路旁有些树倒了之外,所有的交通——地铁、巴士、小巴、的士……全都照常运营。在路上,几乎没大片积水。香港的城市排水系统,好得叫人拍案叫绝。即便这样,香港的一些民间团体还向政府投诉,质疑政府在植树时,是否对台风防御考虑不足,以致有这么多树被风吹倒。一座城市,除了靠政府的纠错能力外,还要靠民间的纠错力量,才能双管齐下、尽量保证万无一失。

从外表上看,拥有鸟巢、水立方、央视大楼等现代建筑的北京,在现代化方面丝毫不输于香港,甚至由于有 798 这样的艺术区,北京在某种程度上比香港更加国际化。但是,表面的现代化与国际化并不代表真正的现代化与国际化。在北京大雨之后,很多落伍之处才凸显出来。传闻发现北京的一些地下排水系统,用的甚至还是明朝时的"古董"。"国际化大都市"的外表下,"看不见的城市"才是是否国际化、现代化的关键所在。安然无事的状态下,任何成就都不值得高兴。只有在危急时刻,才能显示出城市的能力。

北京的大雨过后,法国文豪雨果的一句名言,一时间成为网上热议的话题。雨果说:"下水道是一个城市的良心。"为什么这样说呢?

欧洲在过去很长时间里,都饱受传染病之苦。欧洲的人口每增长到一

---

① 风球是香港的热带气旋警告信号。——编者注

定的数量,就会爆发一次大面积的传染病,使人口锐减。而传染病盛行的原因之一,就是"水"的问题。一下雨,或者平时产生的生活废水、淤水、积水无处排,就会滋生细菌。所以,传染病问题始终得不到解决。后来,欧洲人终于找到了办法,那就是修建下水道,把脏水隔绝在地表以下。始建于1854年的巴黎下水道,全长约2347千米,是世界上最长、最完善、最现代化的下水道。现在,巴黎的下水道已经成为世界知名的旅游景点。中国的许多官员经常出国考察,是不是也可以考虑多去巴黎下水道这样的地方看看呢?

台湾地区著名作家龙应台说得没错:"检验一座城市或一个国家是不是够现代化,一场大雨足矣……或许有钱建造高楼大厦,却还没有心力去发展下水道;高楼大厦看得见,下水道看不见。你要等一场大雨才看出真面目来。"

其实,能够让一座城市现出真面目的远不止下水道。如果你能够留心观察,而且又去过很多不同的地方,那么生活中的很多现象都会告诉你,中国的城市在有些方面其实离现代化、国际化还很远。

如果你常去机场的话,会发现中国的机场在硬件设施上已经很完善、很先进,建筑和设计都很用心。我曾问一个英国朋友的意见,她觉得上海比伦敦看上去现代多了。但是你去厕所看看,就会发现很多值得深思之处:放厕纸的塑料桶有,但却没有厕纸;放纸巾的铁桶有,但却没有纸巾;放洗手液的罐子有,但却没有洗手液。更有些时候,连墙上的干手机也不运转,更不要说那么富丽堂皇的机场,厕所还常常弥漫着臭气。这在欧美、日本等地,都是无法想象的。

按照我浅薄的观点来看,要么别装这些东西(你大可说为了环保,所以我们不提供厕纸,希望如厕者自备)。但是既然要装,就要确保它们是有效运转的,而不是一个作为摆设的空架子,骗人骗己。

但是在我们这个处处都很有"特色"的国度,很多事情不能用常理去解释。建造那个厕所，或许是政绩，但是维持那个厕所里的每个部件都正常运作，就不是政绩了，只能算是"道义"。所以，我们总是期盼能有道德高尚的负责人出现，才能保证机器长久有效运转下去。

又如，我们总是用道德教化市民不要践踏草坪，因为草坪一旦被踩坏，就只剩下光秃秃的黄土。我们服从这套游戏规则，觉得不踩草坪是我们的义务之一。但是从另一个角度而言，有关部门除了有修建草坪的责任外，其实还有维护草坪的责任，被人踩坏了，就应该补上。硬件设施不是摆设，而是供人使用的，既然供人使用，就有损耗，损耗需要建设者填补。在建设之前，建设者本应考虑到这些维护的成本，如果发现承担不起，那就不应仓促建设。

由于没有类似的制度，所以中国或许是全世界工程上马最快、全世界烂尾工程最多的国家之一。一名加拿大的朋友告诉我，她家门前的大树要不要砍，当地政府民调、开会、辩论、投票用了整整七年时间。这样的做事风格，效率虽然低，但是却能保证做每件事的正确率比较高。

还有一件事也是颇有"中国特色"的，就是交通肇事。在国内，你经常会看到两辆车在路上追尾，双方车主争执不下，交警协调也没用，往往一纠缠就是几个小时。如果这样的事发生在早晚上下班高峰，简直是要命。

很多外国人都以为中国的警察很凶或者很专制，但是最起码，我看见的中国交警在处理交通事故时，表现出来的态度，真可谓是全世界最"和蔼可亲"的。中国的交警拼命协调，尽量找到让事故双方车主都能接受的处理方法。常常是车主凶巴巴，交警却笑容可掬。有时候，我甚至都觉得中国的交警的态度简直好到"低三下四"的程度了。

但是在美国，一旦警察在路上叫你靠边停下，你只能乖乖停下。美国的朋友告诉我，他一到美国，就有人警告他，如果警察要你停车，你不仅要马上停车，而且要把两只手放在大腿上，在车内什么事都别做。假如你把手放在身后，警察就可以怀疑你是不是准备拔枪袭击他，他就可以立刻拔枪指着你。然后，警察说什么你都得配合。我在香港亲眼看见的交通事故处理也是一样。事故发生后，警察三分钟内就出现，在了解情况、拍照取证等例行动作结束后，警察会迅速作出判决，你不得不服。然后，如果车还可以继续开，你就要马上开走。如果车坏到开不动了，就会马上叫拖车来拖走。

为什么要这么"作风强硬"？因为对一座高效运转的城市来说，没什么比效率更重要，根本不可能容许任何人挡在路上几小时阻碍交通——你知道自己的做法在挡多少人的财路吗？警察不骂你，后面的司机也要骂你。

那么，被当下"宣判"的车主又为什么服从呢？因为，如果你不服从交警当下的判决，可以在事后申诉。保证当下高效的秘诀，就是在背后建立一套行之有效的制度。但是在内地，我们都知道，一旦当下的判决确定，就大势已去，几乎不可能翻盘。难怪在内地，会发生车主"顶牛"长达八小时之久的"人间奇迹"。

由于制度的不完善，很多问题难以有效解决。当然你会说："别急啊，凡事总要有个过程嘛！"每当此时，我就想起香港作家梁文道的一篇文章，题目就叫《凡事要有个过程》。文章说："'凡事要有个过程'，这几乎是句绝对正确的话，犹如人之必死，日出东方，放之四海俱准。"但是，在这个"废话"的基础上，我们还是要追问为什么要有"过程"？梁文道认为："过程之所以成为过程，得先有一个终点和目标，然后朝着那个目标逐渐改变情况，努力使眼下现实贴近设定的方向，就像任何旅程必有目的地一样；否则那过程就不叫过程了，我们走出的每一步也只不过是散步而已。当过程不是真的过程，时间的流逝便毫无意义可言；所谓的'再等一等'实无异于'等待果陀'（话剧，又名《等待戈多》），根本没人晓得我们究竟在等什么。"所以问题就来了，谁能告诉我,今天中国的目标究竟是什么呢?没有目标,我们又为什么要经历这些过程呢?

所以,现在就应该讨论我们的目标是什么。不同的人,不同的学派,恐怕都有不同的答案。过去这个答案或许还简单一些,因为当时中国还不够强大,多数人都认同普世价值。现在的问题复杂在,中国"大国崛起"了,而且走的是一条与众不同的道路。于是,很多人就认为是不是有种"中国模式"可以取代"普世价值"呢?究竟有没有可能呢?其实我不敢轻易下判断。但我想,如果真的有"中国模式"的话,起码它应该是一套很有体系的理论与制度。这样才可以行之有效,才能够成为后世所效仿。我们千万要很谨慎地分清现象与制度,问问自己:中国崛起,究竟是现象,还是制度呢?

历史上不乏突然崛起的国家,也不乏崛起之后突然没落的国家。比如我们比较熟悉的蒙古帝国。蒙古帝国,在不到半个世纪内发动三次西征,第一次西征(1219-1223)灭西辽、花剌子模沙朝、亚美尼亚、乔治亚和亚塞拜然,并越过高加索山击破钦察人各部;第二次西征(1236-1242)于窝阔台汗在位时期发动,以拔都为主帅,先后征服伏尔加保加利亚、保加利亚人的卡马突厥国、基辅罗斯,进而灭亡位于东欧平原的基辅罗斯,而后击溃波兰王国和神圣罗马帝国、波西米亚与捷克、摩拉维亚与斯洛伐克、奥地利王国联军,大败匈牙利王国、打败保加利亚第二帝国,远征达当时意大利的威尼斯共和国的达尔马提亚(其实前锋已经进军到今东北意大利)、原南斯拉夫地区的拉什卡;第三次西征(1256-1260)于蒙哥汗在位时期,主帅为旭烈兀,灭亡木剌夷(伊斯兰国家),当时只剩下美索不达米亚的伊斯兰阿拔斯哈里发,以及叙利亚阿尤布王朝——三次西征共侵吞了40多个国家,疆土约达2400万平方公里,是一个历史上横跨欧亚两洲的大帝国,涵盖了当时疆域内约1亿的人口。然而,蒙古帝国在1260年由于忽必烈和阿里不哥争位战走向分裂。1271年忽必烈在中国地区改国号为"大元",并于1279年灭南宋。但是,1368年"大元"就被明太祖朱元璋灭亡了。又过了几年,整个蒙古帝国就都灭亡了。

我们想象一下,1219-1260年间正在"大国崛起"的蒙古帝国人,会不会也发明一种"蒙古模式"呢?是不是也觉得"蒙古模式"可以放之四海皆准,供欧洲、中国来效仿呢?可惜啊可惜,中国不是蒙古人想象的那样,铁蹄踏过的中原大地,依旧不会服从草原的逻辑。

我们再幻想一下,如果当年蒙古帝国在中国不是一味推行"蒙古模式",而是尝试去理解中原的具体情况,什么好就学什么,会不会比较好呢?后来的清朝,基本上就吸取了元朝的经验。除了一开始为了巩固自己的政权,使用了暴力手段外,清朝的皇帝,虽然是满族人,可是在内里却个个比汉人还汉人,毛笔字、格律诗都比一般汉人还要好。清朝的皇帝,甚至可以说是中国历朝皇帝中平均素质最高的,若非遇到西方国家强行打开中国之门,以及中国国内各种势力的崛起,难说20世纪的中国最终将会怎样,又会走上怎样的道路。

历史或许就是不断的轮回,很多事情看似时过境迁,其实仍是循环。150年前的中国精英,在不断争论中国如何看待外国,以及外国如何看待中国。150年后的中国精英,还在争论这个老话题。并且,中国人还是摆脱不了"想要向外国人证明自己"的不健康心态。好吧,就算一定要证明给外国人看,那么什么样的人才能让别人欣赏和佩服?比如在奥运会上,遵守规则、服从规则、获胜的人才能获得别人的尊重,而不是自己制定一套规则,甚或自己搞个山寨版的运动会,这样做只能是自娱自乐,而不会被认可。

中国如今要的现代化,应该是让全世界信服的现代化,是在表面光鲜亮丽之外,内在也强大而饱满的现代化,是可以邀请全世界人一起加入的现代化。

第二十三章 / 青年中国说

故今日之责任,不在他人,而全在我少年。

——梁启超

本章主要观点导读

/ 中国人在国外,都会代表或被代表中国的形象。

/ 20世纪中叶前出国的都是中国的精英阶层,现在出国的多了"新富阶层"。

/ 中国人或许觉得西方人英雄气短,但西方人也未必觉得中国人就一定快乐。

/ 中国人本来是谦虚、大度、宽容、自信的,这些优点要得以传承。

/ 中国的未来,决定于青年。

无论你是否承认,或者是否情愿,当你踏上外国的土地时,都难免代表了中国人的形象。外国人也没多少来过中国,他们除了在书本上了解中国人、在电视上看看中国人外,能够见到的活的中国人,大多是游客、留学生等。我们习以为常的事情,有时候会让他们惊讶地大叫。比如,我在尼斯向酒店服务生要一杯热水。服务生问我有什么用,我说:"喝。"服务生就惊叫起来:"我这辈子第一次听见有人说要喝热水!"——原来,欧洲人都是只喝凉水的。然后,服务生就说:"你们中国人真是奇怪。"我心想:其实中国人也有不喝热水的。但懒于解释了。

　　另外,无论你是否承认,或者是否情愿,当你双脚踏在外国的土地上时,都难免被代表了中国人的形象。在巴黎圣母院的大门前,只用中文(而且是简体字)写了"禁止使用闪光灯"。作为中国人,看到时心里有种说不出的滋味。其实,在教堂内有很多金发碧眼的外国人都在用闪光灯拍照,为什么独独对中国人这么不信任呢?香港作家梁文道在一期《锵锵三人行》节目中,说自己在欧洲机场退税,身边的人有拿着十几万账单退税的,而他购物的总额,还没有那人退的税多。梁文道开玩笑说,觉得自己真没资格做中国人,当时很想假装自己是日本人,说自己国家经济不好,不能像中国人那样来拯救欧洲经济。

　　20世纪中叶前,西方人对中国的印象比较好,很多西方文化人,如雨果、罗素、杜威等,都对中国文化表现出很高的敬意。在我看来,这是有原因的。从晚清到民国,能够出国的中国人,大多是精英阶层。我们可以想到当时出国的是什么样的人——都是中国读书最好、家学最好、学问最好的年轻人,比如蔡元培、胡适、竺可桢、陈寅恪、钱钟书……但是如今,出国的中国人就不一样了。纯粹出去做学问、开眼界的当然也有,但又多了一支大军,就是"新富阶层"。这些人可能在一两年内突然暴富,出国只是为了到原产地购买名牌商品。对这些人来说,他们完全不了解西方国家,也不屑于去了解,因为他们从来不觉得西方国家有什么好的。他们既不懂得欣赏卢浮宫里的油画,也不觉得欧洲的古老建筑有什么美感。相反,在一切求新的价值观的洗脑下,他们甚至觉得巴黎市区陈旧不堪,还不如中国的二三线城市来得富丽堂皇。在这种心态下,中国的"新富阶层"当然不会带着谦卑的心出国,不会去了解外国的风俗、习惯、制度、法律,更谈不上遵守了。比如,在日本的地铁里是不能打手机的,我有一位朋友一时忘记,不小心在日本地铁上接了电话,四周的人都投来白眼,弄得他很是羞愧。但是网上也有中国游客遭遇类似的情况,但该游客不但不反思自己,反而只觉得日本人歧视他。

2012年8月28日,香港《明报》刊登了一篇关于内地在英国留学生的小文章,讲述某些内地学生在英国的奢侈生活,令香港读者叹为观止。文中提及:

> 香港学生在英国留学者不少,差不多人人都会遇到来自内地的朋友。而近年内地富豪愈来愈多,他们的生活之奢侈,可谓令香港学生大开眼界。自称曾经在英国剑桥郡留学的香港青年阿Ken(化名),就与这样的内地留学生接触过。阿Ken说,内地学生出入赌场、夜总会,买跑车,甚至买私人飞机,都如家常便饭。而他在英国经营一门独特的生意,就是负责帮内地留学生"买卖学位"。
>
> 阿Ken也指出,在英国留学的内地学生中亦不乏刻苦用功的人。只不过,在英国留学的内地学生分成两种极端,一种刻苦得要命,一种败家得要命。所以认真想想,在生活中如果遇到自称是国外留学归来的人,真要倍加小心才是,看看对方到底像钱钟书,还是像钱钟书笔下

方鸿渐。

阿Ken口中的中国留学生形象,仿佛是很多人们心目中中国留学生的样子。其实这亦无可厚非,因为在自由国家,一切都取决于供求关系。"人性本恶",如果你的制度设计得不够完善,就不能怪有人钻法律的空子。我觉得不必要过于苛责有中国留学生在国外"买学位"的行为,这一方面是因为外国有空子可钻,一方面因为国内往往迷信外国的文凭,觉得只要拥有外国的文凭就高人一等。

其实,在国外找工作时,用人单位一般都不单看你是什么学校毕业的,还要看你是学的什么专业。理由很简单,比如北京大学的化工系就不见得比哈尔滨工业大学的化工系好。所以,精明的用人单位不会仅仅因为你是北京大学毕业的,就立刻给你聘书。真正会挑人的用人单位,会挑选最好的学校最好的专业的毕业生。只有那些不够精明的用人单位,才会迷信名牌大学的虚名,甚至完全不验证应聘者是否有真才实学。在外国找过工作的中国留学生,就算没有亲身遇到过,多少也该听过这样的事例。那么,回国后就应该多向国内传递这样的理念。

我是不太赞成留学生一毕业就回国的,更不赞成出国留学时就抱着混个文凭就回国的想法。我知道在外国的日子不好过,想要在外国找到位置,要付出比常人多很多倍的努力。但是容易的事轮不到我们来做,越是困难就越应该坚持。

中国的年轻人,向来很缺少"文化冲击"。在我们的观念中,似乎只有要么"我变成你",要么"你变成我"的不健康文化交流观。古时候改造百越地区,就是"你变成我";而赵武灵王的胡服骑射,就是"我变成你"。难道就不能找到一种比较健康的中间位置,互不干涉,又互相欣赏,并且互相学习吗?

英国先前统治香港时,虽然曾经一度坚持政府公文只能用英文,但是在民间,却不干涉华人的风俗信仰。甚至在五四新文化运动时期,大陆推行白话文,港英政府坚持香港所有的报纸都要用文言文。所以,现在香港老一辈人的文言文功底还很深厚,是有原因的。另外,港英政府也不禁止香港的民间祭祀活动。比如每年盂兰盆节期间,香港的街头总会出现很多烧纸、祭奠祖先的场面。我曾说,香港才是真中国。有人不服气,说在内地的农村也有这样的祭祀活动。但我觉得问题的关键就在这里,农村因为尚未被开发,传统得以保存不奇怪;而作为国际化大都市的香港,传统能够这么好地保存才是"奇迹"。内地的城市,不要说发展成香港这样,随便上几个"计划",传统或许就被破坏得不成样子了。

世界已经过了那个一味讲求发展的年代,很多国家和地区都已经到了"后发展"年代,中国在不久的将来也将过渡过去。"后发展"年代的人,发展已经不再能给他们带来幸福感,他们更在乎的是生活质量带来的幸福感。譬如古旧建筑的美学,就比崭新的摩天大楼更能带给他们幸福感。于是,在香港等"后发展"社会,出现了一批年轻人,站出来反对过度发展。香港的80后,旗帜鲜明地反对政府拆除天星码头、皇后码头,反对因修建高铁而拆除菜园村,也反对以经济建设为理由毁坏香港本来就为数不多的耕地。

内地的年轻人,不必等到"后发展"年代来临,才急匆匆地面对它,现在就可以做好准备了。有很多东西,不要等到失去时才追悔莫及。2012年1月,建筑大师梁思成、林徽因曾经居住过6年的北京市北总布胡同24号院被离奇拆除。网上民意调查显示,80%网民认为该建筑有历史价值,应该保留。有关方面给出的拆除理由是"维修性拆除",即在拆除后复建新的"故居"。这种是非常典型的"发展"观,只有没有感情、没有美学观的人才会这样想问题,他们没有办法体会身临其境的感觉,当然也就不懂历史,更不知道同样住在那里的金岳霖和梁林夫妇有何关系。其实，一幢建筑旧旧地、破破地存在着，根本无伤大雅，反而能给城市增添人情味。巴黎市政府近年给每幢旧建筑都装上了小型电梯，为的就是让这些旧建筑能够尽量多用些时间，又不至于给市民的生活造成不便。

中国的年轻人，现在常常有机会出国，就应该多去体会体会人家的好玩意。不要带着幼稚的傲慢与偏见，觉得外国人一定很羡慕我们。要知道，今天中国取得的成就以及地位，不少西方国家在很多年前就已经取得过了。你或许会觉得他们是黄昏贵族，英雄气短，但他们也未必觉得你就一定快乐。

美国经济学家提勃尔·西托夫斯基的传世名作《无快乐的经济》很早就发现，在美国经济史无前例快速增长期间，美国人民却似乎并未获得相对应的幸福感。这完全推翻了过去人们的假设。以前人们认为，只要GDP增长，人们的快乐就会随之增长。但实际上，经济增长之后，即便富人也不见得满足。更重要的是，在经济增长之后，美国社会上年轻人的犯罪率却反而上升了。为什么？西托夫斯基认为，处于经济高速增长期的人需要保持忙碌，但由于无法找到使他们保持忙碌的合适刺激，他们会感到无聊。这种情况困扰着那些悠闲的人们，但目前的社会文化发展水平还不能让每个人找到健康的方式来摆脱无聊。也因此，就是经济的增长未必就会给人们带来相应的快乐。

中国人本来是谦虚的。古时候的弓箭手与人比试箭术，一下射中了靶心，获得了胜利，都要说一声："惭愧。"这声"惭愧"并非虚伪，而是由于公然在众人面前展示了自己的过人之处，使得别人处于低位，觉得不好意思，过意不去。今天中国的年轻人，走向世界时，难道不应该传承这种谦虚的精神吗？

中国人本来是大度的。北宋的宰相富弼，有人骂他，他充耳不闻，好像什么也没听见。旁边的人告诉说："那个人正骂你呢！"富弼说："恐怕骂的是别人。"旁边的人又说:"喊的是你的姓名,难道是骂别人?"富弼说:"恐怕是同名同姓的人。"骂人的那个人听完富弼的回答后,感到非常羞愧。今天中国的年轻人,走向世界时,难道不应该传承这种大度的精神,别人越是指责,我们越应该大度吗?

中国人本来是宽容的。清朝大学士张英的亲戚与邻居因院墙发生争执,写信给张英,要求他让当地官府帮其家人撑腰。张英回信道:"千里送书只为墙,让他三尺又何妨。长城万里今犹在,不见当年秦始皇。"亲戚收到信后当即决定把院墙后退三尺,其邻居知道后也向后退让三尺——如今,在今日桐城的市区内,便多了这样一道人文景点:六尺巷。今天中国的年轻人,走向世界时,难道不应该传承这种宽容的精神,起码在精神上让出"三尺"吗?

中国人本来是自信的。春秋时齐国的晏子出使楚国,楚国人想要羞辱晏子,故意在正门旁开了个小洞给晏子钻,说:"这就是城门,请。"晏子看了说:"只有出使狗国的人,才从狗洞中进去。现在我出使的是楚国,不应该是从此门进去吧。"楚国人自讨没趣,只好将晏子恭恭敬敬地请进国里。今天中国的年轻人,走向世界时,难道不应该传承这种自信的精神,巧妙地反驳别人的心怀叵测吗?

100多年前的1900年,梁启超写《少年中国说》,歌颂少年是中国的希望,并以此比喻中国就像个少年蓬勃富有朝气。当时的中国,是义和团的中国,是八国联军进京的中国。如果当时的中国是"少年中国",那么今日的中国呢?大概是"青年中国"罢?无论少年或青年,有一点是共通的,那就是:人生路漫漫,虽然很有干劲,却都还没有定型。培根曾说,青年富有热情,老年富有经验。两者的结合,才是完美。所以,中国的年轻人,一面发挥热情的长处,一面从他处吸取经验,一起找寻适合我们的道路吧!

附　录
那些海外的中国"8090"

王晓鹏（南非）

随着中国经济的崛起和全球化来袭,越来越多的"8090"走出国门,到世界各地留学或工作。美国、加拿大、澳大利亚、新西兰、日本、韩国早已是中国留学生的天下,俄罗斯、南非、巴西、印度等地也四处可见华人的身影,甚至在今天仍高举社会主义旗帜的古巴、朝鲜、越南、老挝等国也会看到不少中国"8090"的面孔。

毋庸置疑,生活在国外的"8090"绝大多数都是爱国的。这种情感,当你真真切切生活在国外、看到外媒无端指责中国时,特别能够体会到。2008年北京奥运火炬传递遇阻时,挺身而出保护圣火的基本都是"8090"的年轻面孔。

很多出国留学的"8090",都希望通过在海外"镀金",回国后找到一份体面的工作,并希望把在国外学到的先进技术或理念等带回中国。

然而,现实是残酷的。海归目前的处境比国内刚毕业的"屌丝"们更为尴尬:国内某留学中介机构2011年年底发布的《海归就业率调查报告》显示,海归起薪一般在3000元左右。许多受访海归表示,现在进入世界500强和国内科研机构以及大型国企的难度越来越大,他们对于薪金的要求也趋于理性。事实上,月薪3000还算高的,有的海归留学期间花去家里五六十万,回国后月薪1200;有的海归更惨,回国后直接就变成了"海带"。

而在十几年前,海归曾是高收入的代名词,那时的海归动辄年薪50万、100万。正是这"镀金"之后的高薪,吸引着工薪阶层的家长们勒紧裤腰带、省吃俭用送子女到海外深造。而如今,海归俨然成了破落户的代名词儿,很多单位在招聘时宁可用国内全日制本科毕业生。给出原因很简单:我们单位庙太小。

对此,不少海归感叹说:早知沦落到今天的地步,当初还不如不出国。不出国的话,大学毕业后找个工作,通过积累经验或许到今天还能拿到不错的薪水,再加上省下的几十万元留学费用,到现在怎么也能贷款买套房子,过上有房有车的生活。现在倒好,回国后还需要父母支援,可真的变成了"屌丝"中的极品!

与少数"富二代"和"官二代"不同,大多数的留学生身后没有巨额财富支持,没有父母安排好的前程,只能靠自身努力跻身社会,希望对辛苦攒钱供其出国的父母有一个交代。但如今他们的投入和产出根本不成正比,中国高房价和低工资的现实,让归还是不归变成了一道艰难的选择题。

相信很多在国外生活过的"8090",都对"国外好山好水好寂寞,国内好脏好乱好快活"有着深刻的体会。回国吧,受不了国内的空气污染、有毒食品和高房价、低收入;不回国吧,总感觉外国的月亮再圆也是人家的,远离了祖国就没有了归属感。

在这个悲催的时代,在海外留学的"8090"的"全球婴儿"们就变成了"杯具",在归与不归中继续徘徊……

第二十四章 / 海外"8090"之现状:依旧"Made in China"

我在这里成长生活

理想被现实猛烈的撕扯

当我离开这里回头看看

我才发现原来我很爱国

——艾敬《Made in China》

本章主要观点导读

/ 正是因为层出不穷的造假事件,中国人被冠以"擅长造假、热衷造假"的恶名,海外"8090"也生活在屡遭质疑的尴尬当中。

/ 在南非,不少年轻的"8090"开豪车、住豪宅,自然也就让南非人产生了中国年轻人都很富的看法,也就出现了针对他们的抢劫、谋杀等恶性案件。

/ 外国年轻人眼中的中国"8090"后:勤奋刻苦、民族自尊心很强。

/ 中国年轻人很有向心力,但有时缺乏基本礼仪;韩国年轻人很有凝聚力,但缺乏对他者的包容性;日本年轻人做事严谨,但缺乏爆发力。

/ 在国外,一说起"Made in China",几乎所有人都会立即想起两个概念:血汗代工厂和山寨电子产品,外加穿几天就会掉底的鞋子和廉价的衣服等。

/ "Made in China"不仅仅被用来形容中国产品,一些老外也用来形容中国年轻一代只会照搬照抄、复制粘贴,缺乏创新精神和个性、没什么动手能力。

自2000年年初开始的十年,是中国高速发展的十年:国力突飞猛进,城市发展日新月异,国民购买能力持续攀升。国力虽然日渐强大,中国在海外的名声却依旧未见好转。2008年林妙可假唱事件曝光后,《纽约时报》等各大媒体纷纷聚焦中国:一个什么样的国家,能残忍到让一个只因长相不如林妙可的孩子站在幕后,去替长相相对完美的林假唱呢?

与此同时,大量"中国制造"的假冒伪劣产品销往海外,大量学历造假的小留学生走出国门,大量"野鸡大学"毕业的海归名人被撕下面皮……

正是因为这些层出不穷的造假事件,中国人被冠以"擅长造假、热衷造假"的恶名,海外"8090"也生活在屡遭质疑的尴尬当中。

我的一位朋友,1985年出生的小陈,在南非申请工作签证时被拒签,拒签原因竟然是:SAQA(南非学力认证)是假的。让小陈郁闷的是,他的SAQA明明是自己从南非教育部下属的学历认证机构SAQA办公室亲自申请的,但现在却被移民局怀疑是假的。后来我陪小陈去移民局上诉,移民官让他出具申请SAQA时的发票、回执单等原始证据,在确认文件是真的后,竟然振振有词地说:"你们中国人个个都自称是中国著名大学毕业的,谁知道有几个是真的呢?"

更为"杯具"的是,南非教育部下属的SAQA办公室,从2011年下半年起,要求持有中国大陆护照的人在申请学历认证时,必须先将材料寄到中国教育部下属的某认证机构做认证,在中国权威部门确认材料是真的后,南非SAQA办公室才给办理南非的同等学力认证。要知道,在南非享受该"特殊待遇"的只有中国大陆人;来自其他国家的外国人,只要持有效证件原件和翻译件即可办理学历认证,来自中国香港、中国台湾地区的外国人,亦可立即办理学历认证。

华人学历造假层出不穷,早已不是什么秘密。

2008年11月,共计50名华人学生被英国纽卡斯尔大学集体开除,其中49人来自中国大陆、1人来自中国台湾。纽卡斯尔大学发表声明说,"这些学生的申请文件经过伪造或者成绩被篡改","伪造文件多是英语语言证书或其他大学颁发的文凭,伪造质量非常高,以至于招生部门无法通过常规的检查发现"。

2007年4月,5名来自中国大陆的留学生被加拿大安大略省大多伦多地区约克市警方拘捕,5名留学生经营"造假工厂"已达数年,非法所得以百万加元计算,调查人员在他们的电脑内查获700G容量的记忆卡,当中储存大量犯罪证据,他们的客户多数都是中国留学生。

2012年7月,279名中国留学生的申请材料被新西兰移民局发现涉嫌造假,如果情况属实,这些留学生可能面临"被遣返"命运。据新西兰《先驱报》报道,新西兰移民局近期对来自中国的1800份留学申请材料进行随机调查时发现,超过15%的申请存在假学历、假银行证明等情况。

在国外,学历造假一旦被查出,是要付出惨痛代价的。2002年,美国前奥委会主席桑德拉·鲍尔文因谎称从科罗拉多大学获得学士学位而被迫辞职;2006年,韩国前副总理金秉准因论文涉嫌抄袭而被迫下台;2007年,以色列前旅游部长埃斯特里娜·诺特曼因伪造学历遭刑事指控;2011年,德国前国防部长古藤贝格因博士论文抄袭被迫辞职;2012年,匈牙利前总统施密特·帕尔因博士论文抄袭而被迫辞职……

反观中国,很多人士动辄就宣称是清华、北大的博士、博士后,实际上没人知道他们到底有没有去听过课。

2003年,凤凰卫视曾拍摄过一部关于各国华人生存状况的纪录片,叫做

《唐人街》。其中一集,专门拍了新西兰的留学生:在这个国家里,来自中国的"富二代"和"官二代"们开着法拉利、BMW Z5、玛莎拉蒂等跑车招摇过市。在靠近华人聚集区的一家车行里,白人经理称,中国留学生都是提着箱子来买车的,箱子里是他在电影里才见过的成捆现金。有的留学生甚至购买三四辆新车用于飙车,却因学习成绩不及格而被移民局取消签证。在这里,因为"富二代"和"官二代"实在太多了,每隔一阵就会出现针对他们的绑架勒索案。在新西兰,当地媒体对华人社区报道最多的也是飙车案和绑架案。

有一个众所周知的秘密是:有些官员或巨富们,喜欢送孩子到美国、加拿大、澳大利亚、新西兰、英国及欧洲其他国家留学或经商置业;而资产相对少一些的,则喜欢将孩子送到南非留学或经商置业,其中治安相对较好的开普敦和伊丽莎白港,往往是这些"富二代"和"官二代"们聚集的地方。

我所在的南非,虽然治安不大好,但气候怡人,且属于英联邦国家,教育体系与英联邦国家相同;从南非主要大学毕业的学生,学位都会受到世界范围内的承认。另外,南非的学费与英美等国相比较低,且它处于社会转型期、商机较多,因此来南非求学受到了中国不少人的青睐。

我的一个朋友是典型的80后+"富二代"。他来自国内某产煤大省,被家人送来南非学习酒店管理,开一辆全新奔驰。据说之前开一辆宝马,后来出车祸,就直接换了新奔驰。有一次聊天,他还说,没想到南非的汽车这么便宜!南非的豪华车,例如宝马奔驰等,的确比中国便宜(因为中国征收高额的汽车进口关税),但你也不能说一辆五十多万的敞篷奔驰"这么便宜"吧?!

在世界各地的赌场里,当今最常见的豪赌客都是中国人。这其中,不乏开着跑车的"富二代"、"官二代"们。在约翰内斯堡周边有五大赌场,几乎每个赌场都有专门接待中国豪赌客的"华人公关",VIP 大户室里至少三分之一是华人。我有一次被朋友带入某小型赌场的 VIP 大户室,看到百家乐的桌子边上围了一群赌兴正浓的年轻华人。一位在此当"公关"的朋友私下里说,其中一位开法拉利的 1990 年出生的小伙子,一晚上输了 30 多万兰特(1 兰特约折 0.87 人民币),结果第二天又带 50 万兰特现金来"翻本",赌场的白人总经理都跑来敬酒……

我所举的例子,只是海外"富二代"与"官二代"生活的一角。但正是因为这些"8090"住豪宅、开豪车,生活奢侈的程度让人咋舌,导致对中国不甚了解的外国人以偏概全,以为如今的中国人都非常有钱,中国年轻人个个都是"富二代"。

这个偏见,在新西兰的具体表现,是《唐人街》所拍摄的车行白人经理讲述华人学生用成箱现金买车时惊讶与嫉妒的表情;是华人与当地人相互勾结,敲诈勒索中国"富二代"和"官二代"的经济案件。而在南非,在这个贫富差距异常巨大的国家里,表现出的是针对华人的抢劫与谋杀等恶性案件。

过去几年间,南非发生过数起中国"富二代"被杀的案件。一起是在南非行政首都比陀利亚,一名家境较为富裕的台湾籍学生被歹徒跟踪并杀死在车中,笔记本、手机以及数千兰特现金被抢走,警方疑为谋财害命,至今仍未抓住凶手;另一起发生在立法首都开普敦,一名家里拥有鲍鱼养殖场的"富二代"被另外几名华人合伙绑架,勒索其父两百万兰特,后来该"富二代"被发现因缺氧惨死在自己豪车的后备厢;还有一起发生在司法首都布隆方丹,某富家子弟被华人勾结当地黑人绑架后撕票,数名凶手却因"认罪态度较好"被南非法院判了五年监禁、缓刑五年,最后,华人嫌犯均被中国驻南非的警务联络官设法引渡回国,"将牢底坐穿"。

案件接二连三地发生,引发了华人社区对南非治安败坏的批评。对此,南非《市民报》曾发表评论称,这是因为在南非的中国年轻人,很多人的父母都是富翁或者政府官员,他们从小就开豪车、住豪宅,在赌场一掷千金,奢侈的生活方式引起了南非罪犯以及华人社区不良人士的注意,因此才会遭到抢劫或绑架。南非华人在抱怨治安败坏的同时,也应该反思自身的所作所为。

《市民报》评论的观点,实际上代表了很多南非人对中国年轻人的看法。这就如同我们看待在中国的老外一样:在北京出现了耍流氓和骂人的老外,我们就普遍产生在中国的老外品行不端的想法,中国政府也开始着手清理"三非"外国人。而在南非,不少年轻的"8090"开豪车、住豪宅,自然也就让南非人产生了中国年轻人都很富的看法,也就出现了针对他们的抢劫、谋杀等恶性案件。

实际上,在南非的50万华人中,有相当大比例的"8090"在孑然一身打拼。他们有的给人打工,有的借钱开店,生活非常节俭。他们每天早出晚归,希望通过自己的努力,摆脱国内普通"8090"的悲催生活,在商机较多的南非寻找出路,攫取属于自己的一桶金。

只不过,因为一些"官二代"和"富二代"的所作所为过分招摇,使得这些通过自身努力打拼的"8090",仍旧活在当地人的误解中。

除去被外国人所误解的中国年轻人"有钱"的印象之外,在外国的"8090"眼里,中国的同龄人又有哪些优点和不足呢?

勤奋刻苦,无疑仍是中国"8090"相对于他国年轻人的最大优点。笔者在写下这些文字时,伦敦奥运正进行得如火如荼。16岁游泳小将叶诗文接连夺金后,只因为"游得太快了",竟遭到西方媒体的恶意揣测:她可能使用了兴奋剂。21岁的孙杨因为击败了朴泰桓,他的言论也遭到韩国媒体的恶意歪曲与抹黑……

国外的年轻人是如何看待此事的呢?20岁在比陀大学读大二的史密

斯·范德博格和他的室友大卫·亚当斯表示：在他们系里，一共有三名中国学生，有两人和他们一样是住在学校宿舍的，这两名中国学生每天早晨六点就起床学习，除去偶然搭同学的车到校外买生活必需品，平常都在教室或者宿舍学习，两人的成绩也一直名列前茅。"如果这些记者看过中国年轻人是如何吃苦耐劳的，如果他们曾经采访过中国运动员是如何训练的，是绝对不会写出那样的报道的。我想，勤奋刻苦是今天的中国为何如此强大、并且将一直强大下去的重要原因。"史密斯·范德博格如此总结道。

认为中国年轻人勤奋刻苦，也是一些外国年长者的看法。2012年8月2日，1988年出生的小将张继科获得奥运会乒乓男单冠军、并实现了世锦赛、世界杯和奥运会"大满贯"。BBC（英国广播公司）主播毫不掩饰对张继科的喜爱："当年的孔令辉已经是很好的天才选手了，不过张继科把这种天才水平更提高了一层！自从张继科之前11月在巴黎男乒世界杯赢得冠军之后，我就成了他的铁粉！"

"这两名年轻人（张继科和王皓）几乎每天都要进行高强度的训练，张继科现在世界排名第一，他的横板无人能挡。王皓则是直板选手中的佼佼者，他的直板横打技术引发了一场技术革命。因此两种握拍技术也将进行一场巅峰对决……"

对于"8090"，有人这样评价道："中国年轻人很有向心力，但有时缺乏基本礼仪；韩国年轻人很有凝聚力，但缺乏对他者的包容性；日本年轻人做事严谨，但缺乏爆发力。"

从世界层面来看，说中国年轻人"缺乏基本礼仪"，未免有失偏颇。

其实，在西方国家里，中国年轻人虽不像日本人那样随时随地90度鞠躬，却也经常把"Thank you"挂在嘴边，算不上"缺乏做人的基本礼仪"。

对于他说的中国年轻人很有向心力，这个我倒是非常认同的。在我理解中,这种"向心力",确切地说更应该叫做民族自尊心。在国外,很多中国大陆留学生都会被问诸如"中国、香港、台湾的关系"的问题。多数情况下,请不必怀疑提问者的心理,因为很多老外是真的搞不清楚这三者的关系。我自己在不同场合就曾被问过数次,给出的回答是:"香港从1997年7月1日,就是中国的一个地区;在我们看来,台湾是中国的一个省,台湾人都是中国人,中国从未承认台湾的'独立'。"三四年前,我曾与约翰内斯堡的一帮中国小留学生座谈,期间也谈起过这个问题,他们的回答基本和我类似,有的甚至更为激进:"台湾从古至今都只是中国的一个省!"

在第30届伦敦奥运会上,外国媒体对中国运动员的关注,不仅局限在金牌选手和兴奋剂疑云上,还有不少媒体对中国年轻运动员及年轻一代表现出的强烈民族自尊心和自信心,进行了探讨。2012年8月5日的南非《星期日泰晤士报》(*Sunday Times*),有一篇评论把目光对准了"哭泣的中国失败者":据中国媒体报道,中国举重小将吴景彪在获得银牌后,竟然鞠躬道歉、泣不成声。射击运动员朱启南强忍泪水说:"不说了,不好意思!"因伤退赛的滕海滨回到北京后,只有妈妈一人在机场流泪迎接……

随后,文章对这种现象进行了剖析。除去这些哭泣的运动员深受"成者王、败者寇"思想的影响,从这些年轻运动员身上更能看到的是强烈的民族自尊心和自信心。他们虽然肩膀稚嫩,有不少人甚至只有十几岁,但他们认为,自己肩负的是全体中国人的梦想与希冀,所以出现失误之后会流着泪道歉。也正是中国年轻一代有了这种民族自尊心,中国才会有持续向前发展的动力。文章反思称,南非人正是缺少了这种精神,才导致运动员训练时以个人为中心,慵懒散漫,这也是南非代表队在北京奥运会上总体溃败的原因:无缘金牌,仅收获一枚银牌;而在伦敦奥运会上,南非队的表现仍然不佳。

在南非黑人中,有一个段子流传颇为广泛。女人对男人说:"亲爱的,你是不是已经不爱我了?"男人回答说:"我永远爱你,就像手机离不开 SIM 卡一样!没有了你,我就如同没有 SIM 卡的手机一样毫无用处!"女人问道:"天哪,亲爱的你真浪漫……"男人窃窃自语道:"幸亏这娘们不知道中国制造的手机可以插四张 SIM 卡!"

其实,在国外,一说起"Made in China",几乎所有人都会立即想起两个概念:血汗代工厂和山寨电子产品,外加穿几天就会掉底的鞋子和廉价的衣服等。

跨国公司需要巨额利润,产品自然都是"Made in China";而外国当地人对"Made in China"则是既爱又恨。一方面,便宜实惠,四五百块钱就能买到以假乱真的"苹果"、"黑莓",几十块钱就能买到高仿的阿迪达斯、耐克;另一方面,大量"Made in China"的便宜货涌入国外市场,导致大批制造企业破产,推高了当地的失业率。

南非最大报纸《星报》曾报道过约翰内斯堡工会组织的一次游行示威活动,该工会在中国某领导人访问南非期间组织游行示威,抗议过多中国产品涌入南非而冲击当地纺织业。《星报》记者经过调查,发现公开焚烧中国纺织品的示威工人,穿着的工会统一发放的服装全都是"Made in China"。该报道还配发了评论,得出的结论是:中国货冲击世界各个角落,南非恐怕永远都离不开"Made in China"了。

对此,全球知名广告公司智威汤逊(JWT)曾发布一份民意报告,报告的研究内容是:英美消费者对"Made in China"的印象。结果显示,"Made in China"给英美消费者最普遍的印象是"海量生产"。55%的人认同中国商品给人的印象是"便宜";45%的人认同"安全水平低";35%的人认同"质量差";35%的人认同"不可信赖";33%的人认同"低档次"。相比之下,英美消费者对"日本制造"和"美国制造"普遍持正面看法,但多数人认为价格过高。

报告指出,"Made in China"的恶名是市场需求的牺牲品——有需求就有供应。"Made in China"的商品是根据终端消费者的需求而生。但无可否认,"Made in China"已经在世界消费者的眼里形成了负面的刻板印象,短时间内中国商品将无法摆脱如此恶名。这种负面的感知甚至已经传导到中国自主品牌上,中国商品和形象,都面临着巨大的转型危机。

事实上,"Made in China"不仅仅被用来形容中国产品,一些老外也用来形容中国年轻一代只会照搬照抄、复制粘贴,缺乏创新精神和个性、没什么动手能力。这就如同中国的代工厂,中国人一味地去遵从老外的要求,产出的都是类似苹果、黑莓等世界顶级品牌的产品;而中国本土却鲜有自主研发的知名品牌,比如看人家出了个iPad,国内企业就纷纷推出看上去像iPad的各种Pad(平板电脑)。

初来南非时,笔者曾在南非金山大学语言学院学习过一段时间的英语。不少年轻的中国留学生,在初来南非时都要在这里学习一段时间。不幸的是,这里培养出来的中国学生,多数都是高分低能,有的学生笔试分数接近满分,张口却说不出一句完整的句子。

我有一次曾和旅居南非20多年的英国籍老师罗莎·卡门讨论过这个问题。她说,自己曾教过很多中国学生,她的总体印象是,中国学生考起试来非常牛,但实际运用能力却很差。以她几年前教过的一名北京学生为例,这名学生每逢考试都在前三名,但口语烂到基本无法让人听懂。后来她怀疑那学生作弊,就把他叫来询问怎么考到那么高的分数。结果北京学生比画着告诉她,他是把教科书上的每一页都记住了。卡门老师在翻看了他的教材后立刻震惊了:那里面的每一页上,都密密麻麻地写满了中国字,估计是那北京孩子一点点用字典查出单词意思后,把注释写满了整本教材书。

"后来这名学生以高分毕业,可是他拿到了毕业证又有什么用呢?他说的英语恐怕连他的中国同学都听不懂!"她如此感叹道。

卡门还说,当老师布置了简单的论文后,其他同学都是边查词典边自己完成——虽然论文中有不少错误。中国学生的论文往往挑不出什么错误,可如果用谷歌或者其他搜索引擎一查,就知道论文是从哪里复制然后稍微修改了做成的。

"在我们学院里,这种现象叫做'Made in China'。这就如同在南非,买到的很多产品都是'Made in China',但真正的知名中国品牌却只有海信、华为等。中国人是很聪明的,可以为全世界的大企业生产产品,但中国人缺少创新精神,'Product of China'(中国产品)在南非和英国都很少见到。"

第二十五章 / 海外"8090"之尴尬：不想做"世界二等公民"

"华人与狗不得入内"

——租界时期的上海外滩公园

本章主要观点导读

/ 华人在世界上的真实地位不如黑人,难以融入主流社会。

/ 如纪录片《成为美国人——华人的经历》中主持人莫厄斯所说,150多年来,华人在各方面都发生了巨大变化,只有一点没有变,就是始终被当成外国人。

/ 妨碍华人完全融入当地社会的最大的原因,应该是巨大的文化差异,这一点注定了华人无法被当地社会完全同化,因而无法变成地地道道的本土人。

/ 大量中国人也选择移民海外,对于他们,最大的担忧莫过于对未来的不确定性以及对现有社会契约越来越丧失信心。

/ 漂泊海外的"8090"既不想在国外当"二等公民",又不想回国变成"海带",到底归还是不归成了一个问题。

/ 努力缩小文化差异与偏见,海外"8090"正在寻找自己的舞台。

如今，黑人已经不是被歧视的对象，经过几十年的斗争，他们可以与白人互称"brother"，两者却一直将华人当成外国人。想必这会成为海外"8090"心头最大的尴尬。

在国外，经常会听到侨领们呼吁，华人要努力争取融入当地主流社会。每当一位华人竞选政府某公职成功，或者取得一项成就时，侨界舆论就会欢呼，华人朝着融入主流社会又迈进了一大步。

实际上，就华人的整体现状而言，别说进入到主流社会，就是完全融入当地社会，华人也还不能说现在已经做到了。一位美国移民研究专家最近接受媒体采访时称：自19世纪开始，150多年以来华人移民在各个方面都发生了巨大变化，但是只有一点没有改变，那就是始终被美国人当成是"外国人"。这句话可谓一针见血之言，并且不光是在美国，在世界上其他国家基本都是如此。

一个族群之中少数人的蹿升，不能代表整个族群地位的上升，像是美国黑人之中已经出过议员、法官、将军、国务卿，现在奥巴马又当选为美国总统，但是美国黑人的底层社会地位，并没有因此而改变。同样，华人中间出现几位部长、州长、议员、大使，甚至将来可能会出现一位华人国务卿，也不意味着华人的整体地位得到明显提高，融入美国主流社会了。

即便是这些进入上层社会的华人出类拔萃之辈，有时也很难甩掉"外国人"标签。比如2001年，首位美国华裔国会议员吴振伟，应邀前往美国能源部大楼演讲，题目就是庆祝亚裔在美国的成功。不料能源部警卫不知道来客是美国国会议员，反而根据其华人面孔，反复质问吴是否是美国公民。尽管吴及时表露国会议员身份，警卫们仍不相信，竟将吴短暂拘留。事后吴振伟写信向能源部上层提出抗议,得到的答复竟然是:"很遗憾,但是不会改变目前做法"。

美国,无疑是中国人最向往的移民目的地。当前,美国华人总量已超过350万,占美国人口总量的1.2%。人数不多,动静却不小。政界有大名鼎鼎的赵小兰、骆家辉,科技界有李政道、杨振宁,体育界有林书豪、关颖珊……据统计,美国大学毕业生中,华人的年平均收入达到6.4万美元,已经超过白人。有如此引人注目的成就,照美国人的惯例,华人早就该成为美国人的一部分了。

然而事实却是,华人是"美国梦"的实现者,而不是美国人。这就如同纪录片《成为美国人——华人的经历》中主持人莫厄斯所说,150多年来,华人在各方面都发生了巨大变化,只有一点没有变,就是始终被当成外国人。无论什么行业,华人佼佼者始终被贴上标签,被称为华人政治家、华人科学家等。2002年,女子花样滑冰世锦赛,关颖珊不敌卡拉·休斯而屈居亚军,美国报纸的大字标题竟是《美国人休斯打败了关颖珊!》,这大概是在美华人处境的最佳写照了。

在南非,情况亦是如此。南非目前共有五位华裔身居国会议员、省市议员等高职,但多数当地人对华人族群的看法,往往仅来自于唐人街、中餐厅以及中国人开办的购物商城出售的廉价商品中的零星信息。不少黑人甚至将中国人直接称呼为"China"。

华人经常被视作外国人的一个重要原因,是人种的不同。一个来自欧洲的白人游客,可能连一句英语都不会讲,但他走在美国的城市和乡村街道上,只要不开口说话,没有人把他当作外国人。而如果这个游客喜欢美国决定移民来此的话,他的第二代立刻就会完全融入美国社会,勤奋一些的,跻身上流社会也毫无问题。在南非更是如此。1994年南非废除种族隔离制度之前,约有15%的白人是来自英国、荷兰、德国、法国等"白人世界"的后裔,统治着其他族群;直到今天,虽然占人口总量80%的黑人已经翻身做主人,但白人仍实际掌握着南非的经济命脉,白人移民的第一代就可以很容易地融入南非社会。

而华人则由于人种的不同,外表与白人相差太大,别人一眼即可辨出。即使是第二代、第三代移民,不会普通话而只能讲英语,甚至成功地立足于当地,基于相貌,仍然是会被很多当地人当作外国人的。

但这还不是最根本的原因。美国黑人也是异族,大多都来自曾经的奴隶阶层,一黑一白的外貌差别可能更大,并且与华人相比,整体的教育、素质、收入、家庭财富都不如号称"模范移民"的华人;反之,在犯罪、吸毒、单亲等方面,黑人比率都高于华人,但是没有人会把美国黑人当作外国人。这种现象在南非却正好截然相反,南非的白人属于"异族",是几百年前从荷兰、英国等国来到非洲的殖民者,1994年黑人上台执政,白人却不会被南非黑人当作是外国人。

还有一个值得思考的现象是,美国与南非,曾是世界上实施种族政策的两个代表性国家:美国在20世纪60年代中期才废除针对黑人的不平等法案,南非直到20世纪90年代初才彻底废除种族隔离政策。但是,今天在这两个国家中,曾经水火不容的两个种族,除偶发的个别案例外,总体上能够和平相处。黑人文化开始流行于白人之间,甚至有不少年轻白人模仿黑人的穿衣打扮、谈吐举止,饶舌歌曲等在白人中也非常流行。他们见了黑人以"brother"(兄弟)相称,只恨不得把自己染成黑色。然而,这两个黑白分明的种族,却没有任何一方将华人真正当成"brother"。

妨碍华人完全融入当地社会的最大的原因,应该是文化的巨大差异,这一点注定了华人无法被当地社会完全同化,因而无法变成地地道道的本土人。

一方面，中华文化自身的固有活力，使得西方文化无法完全同化它。虽然西方文化具有的强大的"熔炉"同化能力，几百年来已经同化了无数的外来文化，融合了大批的移民，但在更为古老悠久的中华文化面前却显得无能为力。

中华文化源远流长，内聚力和延续力极强，以传统文化为立国之基的中国在世界上存在了长达五千年，过去只是影响和同化别的文化，却从未被其他文化同化过。中国在鸦片战争以来全面学习西方，社会生活逐渐西化，甚至包括日常习俗时尚风气等也趋向欧美，但是中华文化中最本质、最具生命力的部分，却是从来没有落后过的，甚至在某些方面一直是傲视各国的，这包括语言文字、文学艺术、部分儒道释教的精神伦理等。

另一方面，多数华人总是顽强坚守自己的固有文化，不想被别人同化。文化的同化意味着切断同过去的联系，全盘接受另外一种文化。这就像美国黑人一样，已经没有了同非洲故土的联系，舍弃了自己的原有文化，全面接受了美国文化，包括语言文字、宗教习俗、生活方式等，这样的黑人就完全融入了美国社会，没有人再怀疑他们不是美国人。

但是中国移民无论走到哪里、移居何方，都不愿隔断同自己故土的联系，不愿轻易放弃自己的文化，不愿被异族同化。海外华人一直保持着与大陆的密切联系，从寄钱回家到叶落归根，从资助故乡教育到前往中国大陆地区投资。在海外的华人，也大多数是聚族而居，集中在大城市的特定区域内，形成了一个又一个的"中国城"、"唐人街"。移民们使用家乡语言，阅读华文报纸，按照传统观念行事，俨然将所处之地变成了中国的海外"飞地"。

华人念念不忘故国，坚守中华文化，拒绝接受同化，在很多外国人看来，就是不认同这块土地和人民，不愿意安身立命入乡随俗，因此自然就被当作

"外国人"了。

当然，从另一方面看，坚守自己的民族文化实际上也未尝不是一件好事，正是由于这种执着坚持，中华文明连绵不绝从未中断，在世界上所有古老文明之中，只有中国文化作为文化主体保留至今。

尽管外出当的是二等公民，但基于对现有社会契约的不信任，一些中国精英还是选择移民国外。

此前，美国《纽约时报》中文网也刊发了一篇文章《为什么他们要离开中国》。文章先称，许多在中国学习工作多年的外国人，因为中国社会变迁中的各种问题，最终选择离开中国。文章同时还称，大量中国人也选择移民海外，对于他们，最大的担忧莫过于对未来的不确定性以及对现有社会契约越来越丧失信心。

经常关注富豪的胡润早在2011年就对中国18个城市的千万富豪作过调查，发现有14%富豪目前已经移民或者正在申请中，还有46%富豪正在考虑移民。这个数字让人惊讶。当然，我们也别忙着给他们盖上"卖国"的图章，有博文在谈到这种现象时，曾对这种不确定做过比较深度的解析。

"改革开放30多年来，国民的整体生活水平比30年前大有提高，不少人一夜暴富。同时，原有的以国家为主导的现代化发展模式和制度机制，越来越受到各种阶层和利益集团的质疑甚至挑战。每个阶层都有自己的不满，都认为政府对自己的照顾不够，各种不满也越来越多。这不光是草根的弱势群体和城市中产阶级，甚至既得利益集团和富人们也对现有的社会契约越来越没有信心。

"对于前者来说，表达方式是个体和群体的上访、抗议；对于后者来说，最大的担忧莫过于未来的不确定性，而表达没信心的一个方式是用脚投票——'跑路'"。

而海外"8090",对于这种不确定性的反应,就是在归与不归之间持续徘徊。十几年前,海归曾是高贵身份的象征:在海外镀金后,回国怎么也能达到年薪几十万甚至上百万;而如今,海归的"行情"是一路下跌,比较惨的月薪1200,相比之下,不少农民工每月都能拿到四五千,小县城的机修工人也有不少月薪上万,这就无怪乎很多海归找不到工作时不愿出门丢人,宁可躲在家里当"海带"了。

分析海归无限贬值的原因,不外乎有两个:第一个是前面写过的洋"野鸡大学"遍地开花、中国留学生又习惯于学历造假,导致洋学历含金量贬值;第二个是近十年来中国海外留学生暴增,学成归来后,原本人见人抢的"金萝卜",变成了满大街都是的"烂萝卜",薪水自然也就持续下跌了。

我的一个高中同学,2003年本科毕业后到英国读了两年法学硕士,花去了家里近50万的积蓄。2005年7月,学成归来的他在北京某律师行找到了一个助理的位置,月薪5000。那年,我在山东的一家报社工作,接触了太多负面的东西,总感觉社会没希望了,就产生了出国的想法,所以特地请这位同学吃饭并询问一些事情。未料,他在问了我的工资后开始喝闷酒,随后痛哭流涕。原来,他毕业后不想回国,无奈家里就他一个独子,回国后还是托人找的这个工作,北京消费高不说,月薪还比我这个本科毕业生少了一千。他说,亲戚朋友一问他工资他就哆嗦,因为大家都感觉他是从大英帝国留学回来的,当时花去了家里近50万,月薪至少也要有个一两万……用现在的话说,他那时成了真正的"极品屌丝"。

几个月后,轮到我出国。我认为自己能力一般,于是选择了南非;同时接受了同学的教训,选择了一边工作、一边进修一些感兴趣的科目。如今,通过一番奋斗,也算是跻身中产阶级。可每当夜深人静的时候,会经常回忆起在国内一边吃泡面一边写稿时的情景;每次回国探亲,临走时总想再多待几天……换句话说:国外月亮再圆,那也是人家国家的月亮,自己总是没有一种归属感……

可要回国发展吧,如果去给人打工,肯定无法过上现在高质量、低压力、无污染的生活,于是,在归与不归之间徘徊了一年又一年……

祖国强大是海外游子的坚强后盾,每位海外"8090",除了对祖国会有所要求、有所期待,还在努力缩小文化差异,以适应国外生活,在世界舞台上寻找自己的一片天地。

我曾看到有人就在网络上"哭诉",说自己来日本半年多了,每天无聊的生活和工作让他感觉好累,意欲寻求帮助。有人就很友好地跟帖说,从自己的国家到别人的国家,总要面临着文化差异的问题,也会遇到偏见,这也很正常。"无论哪一个国家都会存在对外国人的偏见。形象地说,文化是一副有色眼镜,我们在看外国人的行为时总会用自己文化的标准去评价。这是一种很自然的现象。而且文化偏见的一个特点就是典型化,不管我们打交道的外国人多么有个性,在真正了解他之前,我们总是用自己头脑里已有的对这一文化的概念去'预见'他。"这就像我有两个关系很好的热情浪漫的德国朋友,但在了解他们之前,我和大多数中国人一样,总觉得他们属于做事严谨古板的那类人。

所以海外"8090"也得理解外国人对自己的某种偏见。例如,只要国外媒体报道发现了个别的中国非法移民,当地人见了中国人就会想他身份是否合法,这时,个人的行为变成了一个文化的代表。再例如,国外许多白人都不愿意把房子租给中国人,原因是中国人的烹调习惯会把厨房搞得非常油腻,且部分中国房客搬走时并不会帮房东打扫好卫生……

在很多时候，所谓的"偏见"是因为中西方生活习惯不同、语言不通沟通不畅等因素造成的。2012年伦敦奥运会期间，位于威斯敏斯特的伦敦新闻中心注册入口处贴着中文提示："中国的记者朋友们，请照顾一下伦敦媒体中心的工作人员，如果你们想拍他们的话，请提前询问他们，尊重一下他们的私人空间。谢谢你们！"这张图片经凤凰网报道及新浪微博传播后，引发网友热议，很多网友认为这是对中国记者的偏见与歧视。

实际上，后来经中文媒体证实，这不过是一场误会，与歧视无关。奥运期间，大批中国记者涌入伦敦，好奇的记者们对什么都感兴趣，想四处拍拍；而西方强调的是个人隐私和距离感，因此注册处人员想提醒记者不要打扰工作人员工作。来自其他国家的记者也存在这种问题，但工作人员可以随时与他们用英文沟通；中国记者太多且英语不好，新闻中心只有两人会说中文，双方无法及时沟通，后来只能由其中一人写了这则"中文告示"贴在门口，未料引发了一场风波。

前文所说那个跟帖还很友好地梳理了中国人在初次出国留学或工作时，所需要经历的三个阶段，先兴奋，再文化碰撞，继而习惯。根据每个人的心理素质、教育背景、年龄和语言能力的不同，这三个时期可长可短。在我看来，这就类似于旧时的婚姻，结婚前没有太多的了解，于是个个都期待着洞房花烛，希望掀开新人的盖头时，看到一个让自己心动的爱人。然而这种兴奋转瞬即逝——有的在掀开盖头时就已经落空，有的则是在日后的生活中，发现并没有夫唱妇随的甜美，反而是因个性、素质等差距，过得磕磕碰碰。当然了，如果两人一开始就抱有求同存异的态度，说不准经历过一段磨合时期，进而互相习惯，到最后琴瑟和鸣。所以，我也很希望每一位进入异国他乡的"8090"，能直面这种文化差异，慢慢地理解并习惯所在国家的行为准则，言行举止也有意无意地向当地文化靠拢，那么，当地也会像我家大门常打开的北京那样,张开怀抱欢迎您。

在前面的章节中,我曾提到不少华人出国后仍坚守中华文化,拒绝被同化,在当地人眼中,自然就被当作"外国人"了。实际上,随着全球化步伐的加速,中国年轻一代,特别是"8090",从小就有意无意地受到西方文化的熏陶,譬如喝可口可乐、吃麦当劳、肯德基等,出国后对于新事物的接受能力、适应能力等明显比上一辈的海外华人快很多。再加上互联网的发达,他们随时随地都会通过电脑、手机等查看所在国家的风土人情、生活习惯等,能较快地从"碰撞期"过渡到"适应期"。

在美国,目前正有大量的华人移民"第二代"或"第三代"们登上政治舞台,成为市长、州议员甚至国会议员;在南非,因为新南非成立不足20年,包容性较强,目前已经出现了华人移民"第一代"成功当选国会议员。

2004年,年仅25岁的王翊儒当选南非国会议员。

王翊儒祖籍上海,1979年出生于中国台湾,12岁时随父母移民南非。刚到南非时,他只能听懂几句简单的英语,刚去学校上课时根本不知道老师在讲什么。但是在父母鼓励下,王翊儒努力调适自己的心态,很快就与周围的小朋友玩在一起,真正地融入了南非社会。他毕业于开普敦大学信息管理化专业,自2003年起担任以揭露南非军购舞弊案而闻名的国会议员帕特丽夏·德·里尔女士的助理。次年,里尔女士自立门户、创立独立民主党,邀请王翊儒加入,并提名他参选国会议员,他随后成功当选,成为南非共和国最年轻的国会议员。

让王翊儒感到苦恼的是自己太年轻,所以常被误以为是高中生,有两次还被国会站岗的警察拦住。2004年,中国国家领导人访问南非国会时,王翊儒也受邀出席国宴,但是在等待入席时,同行的时任中国商务部副部长魏建国先生还以为他是打工学生。

虽然王翊儒可能算不上 80 后,但他用自身的成功故事,向世界展示了一个趋势:海外的中国年轻一代,正在抛弃老一辈只专注经商的老路子,正通过自身的努力加速融入当地主流社会,在更为宽阔的舞台上绽放青春。

第二十六章 / 海外"8090"之企盼:公平公正的社会秩序

> 我梦想有一天,这个国家将会奋起,实现其立国信条的真谛。我们认为这些真理不言而喻:人人生而平等。
>
> ——马丁·路德·金

本章主要观点导读

/ 与中国不同,国外虽然也偶有当权者安插"官二代""富二代"的丑闻出现,但整个社会体系还是相对公平公正的。

/ 这也是很多海外"8090"不想回国的原因:在国外至少还有一个"梦",还有实现梦想的客观条件;如果回国的话,若既不是"官二代"又不是"富二代",单凭一个人单打独斗,会不会很难获得成功?

/ 有国际化的表,却没有国际化的里。

/ 真心希望中国从现在开始,致力于重塑社会价值观,保障每位公民能公平、公正地竞争,向世界"自证公正",这样的话,海外"8090"的回归将心无旁骛。

网上经常可以看到贴子讽刺当今中国社会的种种不公和社会价值观的扭曲。

比如说,中国经济发展了,人民是有钱了,政治也比以前清明了,但好经却经不起歪嘴和尚给念歪了,很多地方仍旧是官本位,底层民众即便通过自身努力读完硕士、博士,恐怕仍旧无法通过正常途径步入仕途、获得应有的回报。

近年来,各地纷纷出现的"萝卜招聘"、"世袭招聘"等丑闻。比较有代表性的是"宋江明案",在山西长治公务员招聘中,笔试第一的吉林大学硕士生宋江明"被贫血";随后,又出现了广东中山人社局纪委书记为儿偷改公务员考试分数案;后来,东南大学毕业生唐海情,在贵州省选调生招考工作中,报考碧江区检察院成绩第一却被拒绝录用,原因是她体检后蹊跷地"被查出梅毒"……

就业是民生之本,就业的公平体现的是社会的正义和公平。而称为"国孝"的公务员考试能否公平公正,小到影响考生的权益,大到影响一个国家公务员人才系统的实力,并将会影响到整个国家行政系统未来的办事能力和效率。但在今天的中国,这种公平有时却难以得到实现。

与中国不同,国外虽然也偶有当权者安插"官二代""富二代"的丑闻出现,但整个社会体系还是相对公平公正的。在美国,这种公平公正的竞争环境,让人人都有一个"美国梦",通过自身努力从草根步入上流社会的大有人在;在南非,"淘金梦"也让很多人包括中国人梦想成真,许多人通过努力从一无所有变成千万富翁。

任何一个国家的既得利益者,都会让他们的子女从小接受更好的教育,以便长大后继承他们的利益。只不过，在国外往往是仅限于家族事业方面的继承，在中国却很大程度表现在官位的世袭与继承上。

这也是很多海外"8090"后不想回国的原因：在国外至少还有一个"梦"，还有实现梦想的客观条件；如果回国的话，若既不是"官二代"又不是"富二代"，单凭一个人单打独斗，会不会很难获得成功？

除去缺乏公平公正的竞争环境，国内的社会价值观也因经济高速发展，扭曲为一切向钱看的"唯物主义"。

从地方层面来看，一方面，城市建设飞速发展、拆迁四起、日新月异，二线、三线城市纷纷上马各种项目，看似光鲜无限；另一方面，针对保障房建设等民生工程却显得囊中羞涩、投入少之又少。这种现象也许可以"称誉"为"表里不一"。

有国际化的表，却没有国际化的里。

且不说北欧、英德、澳新等发达国家，在光鲜外表下是如何建立完整的社会体系来保障民生的；比较一下中国经常无偿援助的非洲，就知道中国的社会保障还有待改进。在南非，如果你能证明全家无收入或总收入每月低于1400兰特，就可以申请政府免费住房，成功入住后只需要交水电费。南非政府至今已经成功解决了近400万户家庭的住房问题。要知道，南非的总人口还不足5000万，经济实力与中国还是有一定差距的。另外，南非境内所有公立医院无偿为穷人、老人、孤儿、残弱人员提供免费医疗，由卫生部统一结算费用。

即便是商品房，中国商品房的价格也早已变态到直逼伦敦了。一些所谓的"专家"，认为北京、上海、广州等一线城市，属于国际化大都市，因此房价应该与世界接轨。问题是，房价接轨的同时，工资为何接不了轨？

美国纽约的普通百姓收入大约3500美元，而北上广的白领阶层，月薪

5000元人民币就算是高薪,平均工资也就3500元人民币。也就是说,在美国拿3000美金与在中国拿3000元人民币,生活水平应该是差不多的,房价也应该以此类推。

2010年,在美国加州弗雷斯诺市,用17.5万美元就可以买到居住面积达183平方米的房子,有四个卧房、两个带浴室的卫生间另加会客厅、家庭室、厨房和餐厅,平均下来每平方米的价格为950美元。在密歇根弗林特市,17.19万美元可以买到居住面积206平方米的房子,包括三个卧房、三个带浴室的卫生间另加会客厅、家庭室、厨房和餐厅,每平方米的价格为830美元。而在中国一线城市,17.5万人民币还买不到半个卫生间;在二线城市,也就买个像样点儿的卫生间。

如果都以美元计算,同样是媒体记者,美国普通记者的月平均收入约5000美元,普通住宅每平方米价格不超过1000美元;中国普通记者月平均收入不到1000美元,一线城市的普通住宅价格却超过每平方米3000美元,即便是二线城市每平方米也要2000美元。

在西方,除去极个别城市房价较高,年轻人整体而言买房压力较低,在高中或大学毕业后,他们一般都会先到别的国家旅行,以增加阅历;然后才是正常的结婚、生子。在中国,年轻人一毕业就要为买房发愁,很多人已经被逼得焦虑不堪。

中国持续攀升的物价和高不见顶的房价,"正在毁灭着中国年轻人"(西班牙《解放报》),这也必然导致了年轻一代"一切向钱看","二奶"、"小三"、"小四"们不以为耻、反以为荣。这也让以"集体主义"为主导的社会价值观,演变成当下的"精致利己主义"和"伪利他主义","学雷锋"在当今基本变成了形式主义和空喊的口号。

更可怕的是,这种扭曲的社会价值观,已经开始渗入到大学教育中。北京大学钱理群教授曾经直言不讳地批评称:"我们的一些大学,包括北京大学,正在培养一些'精致的利己主义者',他们高智商、世俗、老到,善于表演,懂得配合,更善于利用体制达到自己的目的。这种人一旦掌握权力,比一般的贪官污吏危害更大。"

不得不说,这样的社会现实,显然加深了海外"8090"的忧虑。真心希望中国从现在开始,致力于重塑社会价值观,保障每位公民能公平、公正地竞争,向世界"自证公正"。这样,海外"8090"的回归将心无旁骛。